U0006471

The 7 Habits of Highly Effective Marriage

與婚姻有約

成功學大師史蒂芬 · 柯維
寫給所有人的7大高效溝通法則

Making Your Relationship a Priority in a Turbulent World

史蒂芬·柯維 Dr. Stephen R. Covey
珊德拉·柯維 Sandra M. Covey
約翰·柯維 Dr. John M.R. Covey
珍·柯維 Jane P. Covey —————— **合著**

羅亞琪 —— **譯**

CONTENTS

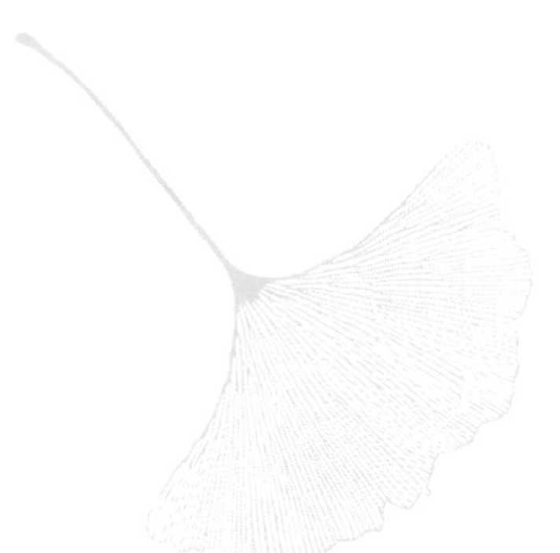

CONTENTS

儘管充滿困難與挑戰，你也能做得到
創造高效能的婚姻文化
以成效原則為基礎的七個習慣

習慣1

主動積極——冷靜思考再選擇下一步

在關係中放入選擇與責任

柯維會談室

◆在關係中，我們要讓配偶或伴侶快樂，而非試圖把他們變好。你可能會想，有什麼方法可以讓伴侶快樂、而不是變好？

◆如果雙方都是再婚，過去各自有一段多年的伴侶關係，結果後來走上終點，現在兩個人都希望不要重蹈覆轍，有什麼需要注意的地方？

CONTENTS

CONTENTS

習慣4

CONTENTS

習慣5 知彼解己——同理傾聽理解後再表達想法 164

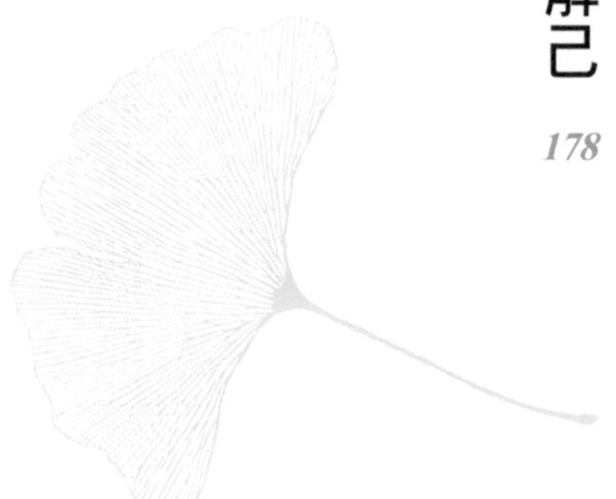

習慣6

習慣7

CONTENTS

代序

通往最圓滿強大關係的飛行計畫

約翰・柯維博士與珍・柯維

過去二十五年，我們行遍亞洲、歐洲和美洲等地，教導讀者關於《與幸福有約：美滿家庭七習慣》（*The 7 Habits of Highly Effective Families*）這本書中的原則和觀念。你或許也有預料到，我們從讀者那裡得到的提問，很多都特別聚焦在家庭中成年伴侶之間那段充滿動態、既令人滿足又叫人氣惱的關係（無論他們是否擁有法律上的婚姻關係，這些伴侶都處在他們稱之為「家庭」的關係裡），因此我們想要和你們分享我們從中學到的一些事。首先我們最想要分享的事情是，我們發現自己永遠不可能定義家庭或婚姻，有些關係具有實質婚姻，有些則沒有，但是關係中的雙方都致力實現成功的家庭。不管你們的狀況怎麼樣，那些名義或標籤都不重要！你所愛的人、你身邊的人是否具備成功與成效，這才是最重要的。你們的伴侶關係和家庭是何種組成並不重要，你們同意這當中存在一段兩個思想和心靈憑著愛、承諾，以及使家庭邁向成功的共同願景所結合的婚姻，這才是最重要的。

我們在每個文化中都學到，家庭不只是一群人住在同一個屋簷下如此簡單；無論形態或大小為何，家庭都是很神聖的。正因為家庭如此神聖，我們相信身為成年伴侶的我們，應該傾注自己的一切力量讓家庭生活幸福、美滿、健康。高效能的家庭關係對我們個人以及我們的社會和未來都十分關鍵。

你可能會想問：是什麼原因讓有些伴侶比較有明顯的成效，有些則比較沒有？有沒有適用於我們所有人正確的人類成效原則？答案是：有的！本書提到的人類成效習慣確實有用，無論你的處境情勢為何，都可以發揮作用。

曾有一項十分嚴謹的科學研究叫做《天生連結傾向》（*Hardwired to Connect*），由人類關係領域中最聰明的專家在幾年前出版，解釋了我們為什麼會是現在這個樣子、人類需要什麼才能在情感方面茁壯發展。最根本的重點是，我們天生就傾向與他人連結；與他人連結的渴望，是僅次於生存最強大的人類需求。研究證實，與他人創造並維繫連結的人活得較長久也較快樂。

關係和家庭問題不會自動消失，時間過得越久，只會變得越複雜。關鍵不在著手解決問題，而在解決問題的方法，這才是在關係裡能否快樂的原因。我們可以把關係比喻成一架飛機，飛機一定會有清楚的目的地、飛行計畫和協助它保持在路線上的儀器設備。關係也是一樣，只要具備這三樣東西，就可以成功。本書介紹的七個習慣就是通往最圓滿強大的關係所需的飛行計畫。

本書闡釋、探討了永恆不變的連結原則，並把人與人之間的連結帶往更高的層次——有效的連結。本書充滿了在承諾關係中互相連結的人所擁有的智慧，無論你來自哪一個國家或身處什麼樣的狀況之中，人類成效原則都能夠幫助你和伴侶茁壯發展。

這本美妙的書探索並說明了史蒂芬．柯維、他的妻子珊德拉和他們的孩子以及其他家庭如何試著在生活中實踐這七個習慣。我是約翰，我已經認識史蒂芬一輩子了，因為他是我的哥哥；我是珍，我親眼目睹了史蒂芬對我丈夫約翰的人生帶來的影響。我們看著史蒂芬和珊德拉共創一段幸福快樂、盡心盡力、影響後代子孫的關係，很感激他們對我們的人生和婚姻造成的影響，我們可以證實他們一直都是有效、快樂且真實的伴侶關係的最佳典範。

請好好享受這本書，不要忘記它是為了你和你的伴侶所寫。

今天你即使
只實行七個習慣當中的一個，
也能馬上看見成果。
但，這是一輩子的冒險，
一輩子的承諾。

——史蒂芬・柯維

前言

來自家庭的終極力量

史蒂芬．柯維

我是史蒂芬．柯維，歡迎閱讀這本新書，這能讓你了解如何將七個習慣應用在家庭和婚姻上。我深深相信健康的婚姻與家庭是文明的基礎和社會的根本，而我們最大的喜悅和圓滿就來自家庭。我也相信，我們在家做的事情是最重要的。

美國前第一夫人芭芭拉．布希（Barbara Bush）在向威爾斯利學院（Wellesley College）的畢業生致詞時，曾說過以下這段文字：

「無論將來身為醫生、律師或商業領袖的責任有多麼重要，你最重要的角色就是人。跟配偶、子女、朋友之間的人際連結，會是你一生當中最重要的投資。到了人生盡頭，你絕不會後悔少通過一次考試、少贏得一次判決或者少成交一筆生意。但是，你會後悔沒有多跟丈夫、子女、朋友或父母相處。我們的社會成不成功，不是取決於白宮裡面發生的事，而是取決於你的家中發生的事。」

我堅信，假如我們每一個人在生活的各個方面努力打拚，卻忽視了跟伴侶和家人之間最重要的關係，這就好比鐵達尼號即將沉船，卻還在收拾甲板上的躺椅一樣毫無意義。曾任聯合國祕書長的道格・哈馬紹（Dag Hammarskjöld）曾表示：「把自己完全奉獻給一個人，比為了拯救芸芸眾生而辛勤還要高貴。」我的妻子時不時就喜歡引用這句話給我聽。

人有普世的需求。我們都需要感覺安全、受到認可、受到尊重、受到鼓舞與被愛，而戀人、夫妻和親子之間的連結便能實現這些需求。因此，在任何家庭中，若有人無法實現這些需求，是很令人惋惜的。所有的人類互動都存在一些根本的原則；遵守這些原則和自然法則對有品質的家庭生活來說絕對必要，我親眼見證過去五十年來，婚姻和家庭遭受的重大改變：

◆出生在單親家庭的孩子增加了百分之四百以上。

◆由單親父母當家的家庭比例增加超過三倍。

◆離婚率提高了兩倍以上。

◆青少年自殺率增加了將近百分之三百。

在以上這些狀況中，白天有一個家長帶孩子的比例，從百分之六十六點七下降至百分之十六點九。

過去五十年來，家庭出現的轉變叫人驚愕懼怕。偉大的歷史學家阿諾德·湯恩比（Arnold Toynbee）曾教導我們把整個歷史歸結成一個簡單的概念：「成功最會失敗。」這個意思是，當我們做出的反應能戰勝挑戰，這就是成功，不過要是面對的挑戰變了，原先成功的將不再適用。我們的社會現在所面臨的挑戰已經變了，影響到我們的家庭和伴侶關係，因此我們也必須發展另一個應對

習慣 7　不斷更新（持續前進、強化自我）

互賴期（真誠信任）

習慣 5
知彼解己（同理傾聽理解後再表達想法）

成為共同的贏家

習慣 6
統合綜效（結合彼此的優點相輔相成）

習慣 4
雙贏思維（傾聽、尊重並雙向溝通）

獨立期（練習獨處）

習慣 3
要事第一
（為伴侶保留屬於彼此的時間）

習慣 1
主動積極
（冷靜思考再選擇下一步）

達到個人的成功

習慣 2
以終為始
（找到婚姻的目標與價值）

依賴期（沒安全感）

方式，戰勝這個新的挑戰。

光是想要創造一個強大的伴侶關係和家庭是不夠的。我們需要新的思維、新的技能和新的工具，才能應付挑戰。挑戰出現了巨大的躍進，如果我們要有效地應對，就必須跟著躍進。

七個習慣的框架正好體現了這樣的思維與技能。許多夫妻和家庭都在使用此框架蘊含的原則，讓關係變得更強大、不偏離軌道。

我結縭五十年的好妻子珊德拉以及我的弟弟約翰和他的妻子珍，提供了個人想法與切身經驗，說明我們是如何在生活中應用這些經過驗證的原則。我們希望你會讀到一些令你感同身受的東西，並協助你成功將這些原則應用在自己的婚姻、伴侶關係和家庭上，像我們和我們的家人一樣從中獲益。

記住：

光是懂、沒有實行，

不是真的懂；

光是學、沒有實踐，

不是真的學。

——史蒂芬・柯維

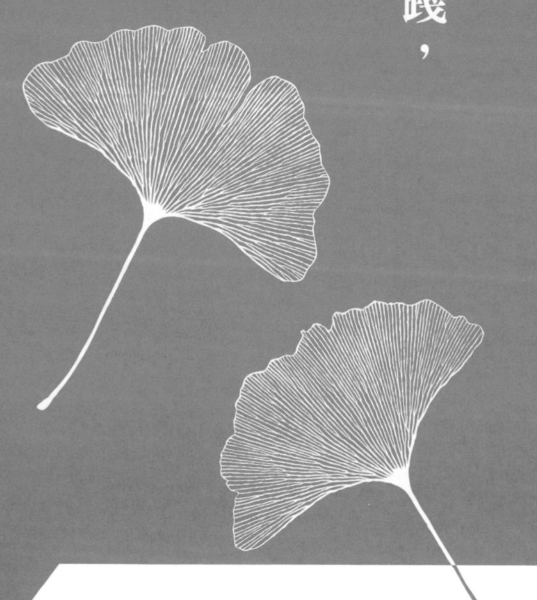

PART 1

關於高效能婚姻的七個習慣

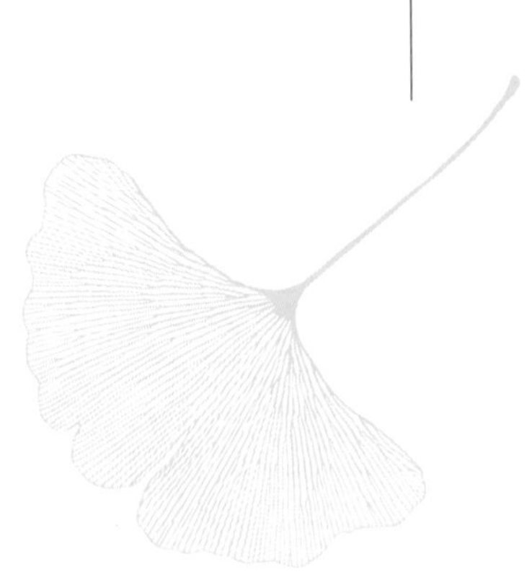

伴侶關係的相處與建立：來自珊德拉的分享

嗯，這應該會很有意思，因為我們要談論的是一個家庭裡面兩位成年伴侶之間的關係。對許多人來說，這是一個正式合法的婚姻，但有時候也不一定是這樣，可能只是兩個成人在互相協議理解的狀況下，選擇組成一個家庭，有或沒有孩子都可以。仔細想想，有這麼多伴侶關係能夠成功，其實是一件很驚人的事情，畢竟雙方來自截然不同的家庭與背景，做事方法、看待事物、解決問題、溝通、管理財務、撫養子女的方式都不一樣。這真的是相當美妙。

跟史蒂芬結婚以來，我從來就不會無聊，他總是一直在做很多有趣又令人興奮的事。我還記得我爸媽會手牽手走到冰淇淋店買冰淇淋，然後走回來坐在家門口跟鄰居話家常。我跟史蒂芬從來不曾有過這樣閒適的生活，我老是問他：「以前那些美好的日子是怎麼了？那時候你還有一些空閒時間，也不會總是處在這麼大的壓力之下。」

不過，這樣的生活仍舊很美好。可以互相學習，看著子女長大成人，變成自己的模樣，發展出令人興奮的人生，這是很棒的事情，所以，我覺得婚姻是件好事。我認為我們都應該努力讓自己的婚姻成功，我們會學到很多，或許也可以成為一個不那麼自私的人，變得更願意給予、更願意愛人，這是很棒的進步方式。

不同的家庭，不同的風格

我還記得，剛結婚時最難克服的一點是，我覺得自己要是不認為我的家庭做事的方法是對的，就是背叛我的家庭。我花了幾年的時間才明白，每個家庭做事的方法都不同，你們可以學習成長，以伴侶的身分一起選擇自己想要的做事方法，而不是自己父母的做事方法。

剛結婚時，我們搬回波士頓，史蒂芬去念書。我們在那裡生了一個孩子，大概一年後搬回家裡。我還記得，回到家的那個禮拜，史蒂芬的母親打電話給我說：「珊德拉，我真高興你們回來了。我跟妳說，史蒂芬小時候喝的是雅頓牌的牛奶，我們家都是這樣。另外，我們都看《德衛教新聞報》（Deseret News）。」我說：「謝謝妳告訴我。」然後，我媽也打來，說：「珊德拉，妳小時候喝的是溫德牌的牛奶。另外，我們都看《論壇報》（Tribune）。」我們必須妥協，所以我就買了四葉牌的牛奶和《每日先驅報》（Daily Herald）。

這真的是一件很棒的事，我也跟我所有已婚的子女說過：「擷取各自家庭最好的東西來實踐，不必用我們的方式去做事；用你覺得好的方式做事。」

我們家的人非常開放、非常外向，總是在公開場合做出親密的舉動，看到人就是又親又抱。沒有人有任何祕密，大家都知道家裡每一個人的所有事，所以如果有人生你的氣，你一定知道。史蒂芬他們家就保守許多，如果有人在生你的氣，你不會知道，他們比較會把事情放在心裡。這是很有趣的差異：史蒂芬總是希望我少說一點，而我總是希望他能多說一些。

善用他人的優點

史蒂芬很大膽，常常會去打獵、划船、滑水、半夜跳湖、駕駛全地形車、騎重型機車等等。剛結婚那幾年，我得努力克服腦中母親的聲音不斷地說：「你去坐那艘船，肯定會溺死；你去爬那棵樹，肯定會摔下來！」為了讓我們每個人做自己，同時又像團隊一樣合作，我們必須要有約定。你們必須讓彼此把對子女最好的事情放在心裡，支持伴侶的風格與態度。

我很喜歡藝術、戲劇、芭蕾舞、歌劇一類的事物，所以會買票去欣賞這些表演和展覽；反之，史蒂芬喜歡籃球賽、足球賽等各種運動賽事，他希望大家都能參與。不過，我們會找到平衡點。我記得兒子年紀還小時，我得硬拖著他們去聽交響樂，但是當他們長成青少年、開始約會時，發現這其實蠻酷的，女生覺得受邀觀賞芭蕾舞或戲劇是一件很棒的事，於是他們竟然開始搶著要那些票。真的很棒。

就像我前面提到的，不同的家庭有不同的風格。我們必須明白，我們是有選擇權的。我們不必去做我們的父母在養育我們時所做的那些事，我們可以選擇，可以通融彼此，找出對彼此重要的事物。

同理溝通是關鍵

我們學會如何跟對方溝通。不管他在哪裡，史蒂芬一天都會打好幾次電話給我。他有次去中國、新加坡和香港出差時，我就接到這樣的電話：「喂，妳在做什麼？」我跟他說：「現在凌晨三點，你覺得呢？」

有一件我們很喜歡一起做的事情，就是每天騎著我們的小本田機車出去遛一遛。我們可以遠離手機、遠離孩子，單純地跟彼此對話。我們會在附近閒晃，或者冬天時會一起去坐雪地摩托車之類的。總之，能有單獨相處的時光是很棒的。

我們住在夏威夷時，有時會去海灘聊天好幾個小時。我覺得，不管你遇到什麼問題，只要把問題、煩惱、使你困擾的事情說出來，告訴你的伴侶，你就會感覺好很多；不把事情說出口，才會讓事情變得困難。史蒂芬喜歡提醒我，「沒有表達出來的感受永遠不會消失，只會再以更醜陋的方式重新浮現」。這句話非常適用婚姻與家庭，配偶必須在一個安全的環境中學著表達自己的擔憂。

如同我前面提過的，史蒂芬太常出遠門、太容易錯過一些事情，所以他一天會打好幾次電話。在孩子們小時候，他每天晚上都會跟每一個小孩通話：「你在做什麼呀？你今天過得怎麼樣？告訴我，你的生活發生了什麼事。」他不在家的時候，總是會打來講五到十分鐘左右，他撥過來的時候，我們可能正在看電影，電話一響，我們就會說：「噢不，是老爸你去接。」「不要，我不想跟他講話，我昨天有講過了，你去接。」由於溝通一直在持續中，因此身為留在家的一方，我並不會感到孤單或覺得好像只有我在帶小孩。

我記得偉大的領袖導師大衛・麥凱（David O. McKay）跟他太太結婚六十年左右了，曾有一位記者問她：「你們的婚姻很美滿，到現在都還深愛著彼此，會手牽手。那麼，妳是否想過要離婚？」她說：「沒想過離婚，倒想過殺人。」

我想，當我們感到挫折疲憊或溝通得不夠頻繁的時候，這樣的念頭偶爾難免浮現在我們腦海。

欣賞彼此的差異

跟一個和你不一樣的人結婚很棒，因為你可以從對方身上成長學習。我們常常做一項很有用的溝通方法：比方說，我想去看一場芭蕾舞，但他想去看一場電影或運動賽事，我們就會跟對方說：「好，你現在要完全老實回答，一到十分你有多想做這件事？你覺得這件事有多重要？」規則是你絕對不能說謊，你必須為自己想做的活動打一個分數。我思考後說：「對我來說，這件事有五分。」然後他說：「對我來說，這只有一分，所以就去看芭蕾舞吧。」這個簡單的溝通形式對我們真的很有幫助，而且也讓我們非常真誠。我在浴室貼了一張標語，上面寫著：「我比昨天更愛你；昨天你真的踩到我的雷。」

打開你的心胸

在互相讚美方面，你們也知道，孩子不太會說：「妳真是個很棒的母親，幫我們打掃、洗衣、準備豐盛的晚餐。」我們真的很少聽到孩子這樣說。但每當我做了特別美味的一餐或是做了跟平常稍稍不一樣或特別的事情，史蒂芬就會說：「讓我們給媽媽鼓鼓掌！」他們就會站起來為我拍手；或者「讓我們給她一個觸地得分的手勢！」讚美這頓好吃的晚餐之類的。以前，我們的孩子只要有人做了一件特別的事，大家就會發出「嘿、嘿，萬歲」這樣的歡呼。我真的很喜歡我們家的這個傳統。

至於互相溝通，我們都知道女人比較愛說話，我們老是希望自己的丈夫說出自己心裡想聽的話。楚門和安這對夫妻是我們的好友，有一次安告訴我：「有天晚上，我跟楚門說：『楚門，你真的好棒，是最棒的丈夫，我真的很高興嫁給你，我真的想不到有誰比你還要善解人意、還要棒。』我說的都是真心話，同時我也希望他能這樣對我說。可是，他只說了一句：『我有同感。』」有時我們得到的回應就只有這樣，必須尋找用其他形式表達出來的「文字」。

表達愛與幸福

另外，我們還會做一件事。那就是有客人的時候，我們總是慎重其事。親朋好友若來到家中，我們會放下所有事情，專心與他們相處。無論是對伴侶或子女，我們都會堅持表達愛與幸福，像是：「噢，你回來啦，快告訴我，你今天發生了什麼事。」一看見他們時，我們會真心覺得開心，並確保他們也有感受到。他們要離開的時候，我們也是一樣熱情，會給他們大大的親吻和擁抱，跟他們說：「要再來喔！」我覺得慎重接待客人很好，會讓你的伴侶想要參與，大家都感覺自己很特別、被愛著。

我還記得以前在我爸爸回家之前，我媽媽總會打扮自己。在那個年代，家庭主婦會穿一種居家洋裝，我媽媽就會在這時換上一件漂亮的居家洋裝，把自己的臉和頭髮弄得美美的。我問她：「妳為什麼要打扮？」她就告訴我：「妳爸爸要回來啦。」這聽起來很過時，有些人可能也會覺得這在貶低女性，但是我母親付出這些努力，全是因為她很開心可以見到我爸爸，想要把自己最好的一面呈現出來。爸爸工作了一整天之後，可能在職場上受到不太友善和氣的對待，或是他沒有賣出任何東西，但是回到家看見自己受到珍愛和重視，他就會很高興。

還有，我們也會大張旗鼓慶祝生日和節日。如果今天是你的大日子，早上一起床，你會看到一堆氣球和布條，我們會把那天變成一個特殊的日子，吃一頓特別的晚餐。我的女婿和媳婦就說：「你們家喔！我們快累死了，不只是慶祝生日當天，還有生日週或生日月，天啊！」

我有一個女婿就說：「剛開始融入妳的家庭時，我很不敢相信你們怎麼這麼常稱讚彼此，我覺得你們都很棒，小事情也慎重看待。」接著，他停頓了一下，又說：「但是我真的開始喜歡這樣了。」

美好的關係需要幽默感

我真的覺得婚姻是一件令人興奮的事。當然，這件事帶來的狀況可能比你預期的還多，也常常比你想像的還要困難。我認為我的丈夫史蒂芬是最棒的，我很喜歡跟他在一起，也非常高興自己嫁給他。

我們在蒙大拿有一個房子，夏天時我們喜歡去那裡避暑，冬天時我們也會到那裡進行雪上運動。有一次，我們在初秋的時候造訪那裡，天氣開始變冷，我們那個星期天早晨起得早，準備上教堂，所以我們兩個都穿著教堂服裝。上完教堂之後，我們便展開回到猶他的六個小時車程。

史蒂芬開了一陣子，然後說：「我真的很累，妳想不想開一下？」我說：「好啊。」過了幾小時，史蒂芬也睡了一下後，我的眼睛開始疲勞，需要休息，所以我就對他說：「我需要休息，不如我到後面躺一躺，換你來開。你在後面鋪了很舒服的床呢。」

他說：「好。」於是，我下車走到後座，史蒂芬下車走到前座。我們當時在高速公路上，旁邊的車輛疾駛而過，有點吵雜。我停頓了一下，把漂亮的高跟鞋脫下來丟到後座，然後「砰」的一聲關上車門，因為必須關緊車門，車子才能發動。

結果，史蒂芬聽到車門關上的聲音，連看也沒看，就以為我上車了，然後便開走了！他之前也這樣做過，害我必須追著車跑；他覺得那很好笑。我以為他在捉弄我，可是你知道，他真的在想辦法回到高速公路，車子一直來，我心想：「好吧，我追上他就好。」

但是突然他就開走了，越開越遠，我就站在路肩，身上穿著做禮拜的洋裝、長襪，沒有鞋子，外面又有點冷。我心想：「天啊，這下他什麼時候才會回頭？我一定要等這場好戲。」可是我等呀等，他就是沒回來。車子不斷疾駛而過，他們都可以看到有個女人孤伶伶地站在那裡。我想，應該是有人用手機打給高速公路巡邏隊，大概還這樣說：「有個男的把他老婆趕下車，她現在腳上只穿著襪子站在寒冷的高速公路上……。」

過了二十分鐘左右，高速公路巡邏隊出現了。警察停在我旁邊問道：「你家裡出了什麼狀況嗎？」

警察說：「好奇怪，妳不是跟他一起在前座、坐在他旁邊嗎？他沒注意到妳不在？」

我說：「沒有啦，我老公以為我在車上，他不知道我沒在車裡。」

我說：「因為我正準備到後座躺下來休息一下。」

警察說：「嗯，我知道了。」然後他又說：「上車吧，我們去找他。」

我們上車後，警察說：「他有沒有手機？」我說：「有。」他說：「好，我打他手機。」

然後他就開始打電話，接通後說：「是柯維先生嗎？」

「我是。」

「這裡是公路巡邏隊，請問你在哪裡？」

史蒂芬回答：「我不確定耶，剛剛是我太太在開車，現在換我，我連自己在哪一個州都不曉得。可能在猶他吧，我不確定。警察先生請等一下，我問我太太，她在後面睡覺。」然後他就喊道：「珊德拉，珊德拉！我們現在在哪？」巡邏員警就說：「喂，柯維先生！她不在車上，沒辦法回答你。她現在跟我一起坐在巡邏車裡。」

最後，我們終於追上他。史蒂芬下車後，說：「我沒回頭看妳在不在，因為我想說妳可能會想上廁所之類的，所以只想在妳想要下車上廁所前，趕快回到家。」他說：「我真的就都沒回頭看，以為妳就在後面。」

警察先生還是覺得難以置信。史蒂芬說：「這下我有故事可說了。」警察說：「等等！先讓我回警局跟同事說。史蒂芬．柯維跟他太太吵架，把他太太留在高速公路上。我才真是有故事可以說呢！」

這就是我老公，常常把我落在高速公路上。美好的關係需要幽默感。

7大習慣的練習記錄

我的際遇
不能造就我這個人；
我的決定
才能造就我這個人。

——史蒂芬・柯維

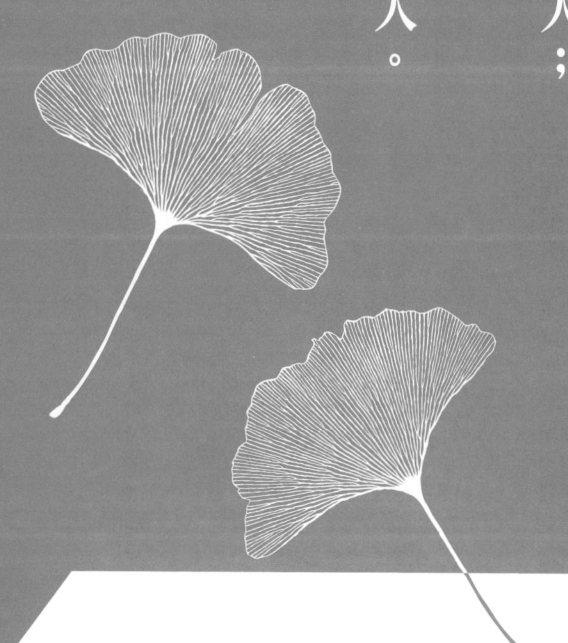

藉由三個習慣，達到個人的成功

史蒂芬・柯維眼中的成長和幸福的關鍵

我在夏威夷進行研究休假期間，曾參觀當地圖書館，在書架之間閒逛，隨手拾起一本書，讀到一段令我震撼不已的話：

「刺激與反應之間有一個空間，存在著你選擇如何反應的能力與自由，而這些反應就是成長與幸福與否的關鍵。」

我反覆思考這段話。在我們身上發生的事與我們的反應之間，有一個空間，這個空間存在著你選擇如何反應的自由與能力。在這些反應之中，存在著成長與幸福與否的關鍵。這就是七個習慣的基礎。多年後我曾回去找那本書，因為我想要把功勞歸給這位作者，但是圖書館已經不在了。

在很多情況下，別人可能會傷害你，甚至是故意要這麼做，但誠如愛蓮娜・羅斯福（Eleanor Roosevelt）所說：「除非你同意，否則沒有人可以讓你感到卑微低賤。」刺激與反應之間有一個空間，而你就在那裡，完全可以自由選擇自己的反應。在那個空間，你終於能看見自我，你終於能找到自己最深沉的價值觀。如果你能暫時駐足在那個空間好好思考，就可以再度連結上自己的良知、自己對伴侶的愛、自己的人生原則，並以此為依據做出決定。

可惜，大部分的人沒有意識到這樣一個心理空間。他們不知道自己有選擇的自由，因此只會以兩種方式做出反應——表現憤怒或者壓抑憤怒，誤以為只要忽視問題，問題就會消失。每個人在壓抑時，都有跡象可明顯看出：嘴唇緊閉、冷漠以對、緊張兮兮。無論是表現或壓抑憤怒，其實都沒有幫助，若困在這兩種選擇之間，你能做什麼？

還有第三種選擇：你可以選擇超越這些情緒。覺得被冒犯，是你的選擇；沒有人可以讓你覺得被冒犯，只有你自己可以。在那個做決定的空間裡，你有能力選擇不讓自己感覺被冒犯；別人不能讓你感到丟臉，只有你自己可以；你沒辦法控制他人的行為，但可以控制自己的反應。專家們都同意：「比起抑制自己的情感或將它們爆發出來，另一個更健康的選擇是轉化這些情感……忠於自己最深沉的價值觀，藉此轉化大部分的恐懼與羞恥，這樣的能力完全操之在自己手中。」

你在刺激與反應之間的空間裡做出的選擇，會影響你和配偶、伴侶、父母、子女和朋友的關係。

別忘了我們有選擇的能力

我們擁有選擇的能力，這是第一個習慣「主動積極（冷靜思考再選擇下一步）」的基礎概念。你越常根據自然法則的原則做出選擇，空間就會越大，就會擁有越多自由；越是不去行使選擇的能力，或是選擇不要根據正確的原則做出行動，你的空間就會越來越小，直到最後完全沒有空間。動物才是如此，動物沒有選擇的能力，完全是先天的生物基因及後天訓練或制約的產物，因此無法重新翻轉自我。但人類可以，人類能夠察覺自我，進而掌握自己的人生。

自我覺察是人類有別於其他動物的特性之一。這是礦物質加上生命加上意識，再加上有辦法去思考自己意識的能力所帶來的結果，這是意識向自身捲起的結果。所以，你有能力重新翻轉自己的人生，重新翻轉自己的歷史，甚至只要適當鍛鍊這個空間、這份自由，你就能夠改寫家族史。你可以為自己創造一個新的當下和新的未來，這是人類獨有的能力和天資，是非常特別的禮物。

在處理家庭生活、婚姻經營、養育子女的議題時，人們必須明白自己有這個選擇的能力。如果他們能夠開始留意，跳脫自己的思維，就可以檢視自己的思想。他們甚至可以思索自己的感受，這就表示他們跟自己的感受、自己的想法不能劃上等號看待，他們可以脫離這些東西，做出選擇。這就是第一個習慣「主動積極（冷靜思考再選擇下一步）」的基礎。

我的朋友布倫特·巴洛（Brent Barlow）是一位家庭諮商師，他說：「要改善你的婚姻，就去照鏡子。」如果我認為問題出在伴侶身上，這個想法就是問題所在。問題的根源來自我對自己的看法，詩人魯米（Rumi）曾說：「世人不觀看自我，只懂責怪他人。」假如面對一個不理性、不善體人意或令人氣惱的伴侶時，我把自己視為無助的受害者，那麼我就否定了一個簡單的真理：我可以自由選擇面對任何刺激的反應。除非我同意，否則沒有人可以讓我產生任何感覺或者做出任何事情。我可能無法掌控發生在我身上的遭遇，但是我可以決定如何思考、感受或行動。

有太多人無法理解這個簡單的道理。我們常聽到這樣的抱怨：「他讓我很生氣。」「她把我氣死了。」別人可以對我不好，但最終還是由我決定要不要扮演受害者的角色。如果我陷入「我很好、伴侶很不好」的模式裡，我就是受到二重選擇思維的影響。如果我把自己看成受害者，我就什麼也不會做，只會成天哀嘆一切不公。我不會相信有第三種選擇的存在。

反之，若我把自己看作真正的自我，知道自己能做出獨立的判斷和選擇，我就會選擇自己的反應。我可以選擇以友善的言語回應不友善的言語，選擇微笑而不感到冒犯。面對一個因為過了不順遂的一天而脾氣暴躁的伴侶，我可以選擇體諒與關懷，而不抱怨自己的一天有多不順遂，比賽誰比較可憐。

我相信，這個根本原則可以拯救大部分有問題的婚姻。我可以選擇打破埋怨的循環。我帶到關係裡的不只有我的文化，還有我自己。我不單純只是衝突裡的其中一方，而是不斷尋找第三種選擇。

7大習慣的練習記錄

你會受到你的基因、
教養和環境所影響，
但你不會
被這些因素所定義。

——史蒂芬・柯維

面對任何處境，你都有能力選擇自己的反應

替未來創造強而有力的願景

在這份天資的禮物之上，還有另外兩份禮物幫助形成第二個習慣「以終為始（找到婚姻的目標與價值）」。這兩份可以運用的禮物是：第一個是想像力，它可以讓你脫離過去，包括你的回憶——因為，你不是你的回憶。現在你開始重新翻轉自己的人生，你可以想像一個不同的未來，你可以重新翻轉整個婚姻與家庭生活。

把它跟良知結合在一起；所謂的良知，是指與生俱來對於對錯的直覺判

斷。「以終為始（找到婚姻的目標與價值）」需同時運用想像力和良知，把這兩者湊在一起後，就可以判定你想要什麼樣的未來。這就使你脫離了過去，癒合了你的家族史。

人們在人生中遇見的問題，大部分都是家族史的產物。有些研究甚至證實，生物基因會受到肚子裡的小孩跟媽媽、跟自己思考過程之間擁有的經歷所影響，這樣的經歷會深植在胎兒體內。一個人誕生之後，會帶著一個可以稱作文化基因的東西來到這個世上，這超越了生物基因。

在今日的世界，我們可以說離婚成了一種流行病。分居或離婚是社會所能接受、甚至鼓勵的事情。如果用這種方式思考，人們就會開始找理由，把藉口合理化。合理化其實就是在告訴自己一個合理的謊言，你去找證據來支持自己的結論和決定，因為你想要擺脫這一切的痛苦，逃離可能是由對方或跟這個人的關係形成的獨特動態所造成的苦難。你開始餵養這樣的想法，而這樣的想法自然就會慢慢成長。

我記得有一次參加了青年總裁協會（Young Presidents' Organization）的活動，講習會花了一天一夜和另一個晚上的時間，目的是要撰寫家庭使命宣言。有一些家庭的父母希望讓自己十幾歲的孩子加入討論，他們也投了票決定採取這樣的方式，但是真正投入後又改變心意，他們反而成了想要退出的那群人，因為他們發現自己如果開始根據目的和價值觀做出承諾，孩子會要求他們履行，這讓他們很害怕。

於是，我就問這些人——這些公司組織的總裁和他們的伴侶：「如果你們的產業或企業出現嚴重的行銷問題，你們會怎麼做？」你可以明顯感受到這群人散發出活力，他們都是經驗老到的執行長，每天都要處理行銷策略之類的問題。我就對他們說：「如果要你們把家庭視為生活的第一要務來優先處理呢？就跟任何一個可能拯救或促進生意的行銷策略一樣重要？如果要你們這樣優先看待家庭的話，你們會怎麼做？你們是否會找到同樣的活力、熱情、想像力，就像你在對付一個行銷問題那樣？」這樣一講，他們便懂了。

我們就像最後才發現有水存在的魚。我們太過沉浸在日常的生活事務，有時候在家庭和婚姻裡，竟沒有察覺到關係的重要性。我們很容易會認為生活就是這樣。生活可以再美好一點。

我們沒有發覺自己有能力選擇讓生活更美好、重新翻轉生活、重新發現我們對彼此的愛。我們有能力選擇讓生活變成一場令人興奮的冒險，使你精力充沛，就像這些人在談論行銷問題時展現的模樣。

漸漸地，這些總裁和他們的伴侶開始認真意識到這點，你可以看見他們開始跟青春期的孩子討論家庭使命宣言時，神情變得有多認真。寫下使命宣言可以把意識和潛意識連結起來，因為當你書寫時，你其實是在進行一項心理神經肌肉活動，把文字刻在你的潛意識當中。

我認識一位女性，她下班回到家時，會在家門口停一下，花一分鐘的時間想想自己的家庭，想像她希望跟伴侶和孩子共同創造的那種關係。接著，她便打開門，開始實行。

學著傾聽良知

試試這個練習：今天晚上睡覺前，寫下兩件隔天早上起來你希望記住並做到的事情，然後看看早上會發生什麼事。把書寫和想像結合在一起，會在你的潛意識留下更深刻的烙印，特別是，如果你盡量使用多重感官的語句。

現在，把這個練習應用在對關係的想像上。運用想像力結合所有感官，透過看、聽、摸、聞等各種可能的方式，全面想像出你希望擁有的生活、婚姻與家庭。全神專注在你真正渴望的以及對你們兩個都好的事物上，學著傾聽良知。當你靜下來，你就能發現良知。試著冥想，在靜止、冥想、覺察的狀態之中，你會開始感受到什麼是對的。這往往跟你從家庭文化裡得到的腳本、從小聽到大的台詞不一樣。

誠如前面提到的，這些腳本是我們結婚以前從雙方家庭各自得到的，而你很容易就會以為人生就是那樣。但，其中有很多其實是錯誤的傳統，或是一些深植在你心裡難以察覺，因而你從未質疑過的信念體系。你假定人生就是那樣。

在我的演講中，我常常會使用認知圖片，先把不同的圖片秀給不同邊的觀眾看，接著再讓全體觀眾同時看第三張圖片。大部分的時候，觀看前一張圖的那一秒，就足以形塑他們觀看第三張合成圖的方式，這就像一份迅速植入的文化腳本，使他們之後都是透過這個鏡頭詮釋一切。

人就是如此。人們漸漸喪失了這個內在能力，無法明白他們才是自己生命的創造力量。你我都能在各自的婚姻中創造人類真正渴望的那種融合、和諧、幸福與生產力。你可以改變自己的家族史；你不需要成為過去的腳本和教養的產物。你有選擇的能力。

這是很美妙、很令人興奮的一件事。對我來說，光是知道自己有能力在任何處境下主動選擇反應，就讓我興奮到全身顫慄。

當生命召喚我們時

維克多．法蘭可（Viktor Frankl）被關在納粹德國的死亡集中營時，從「為什麼我得在這些人手中承受這麼多折磨？」這個問題，改問：「生命在對我做出什麼請求？」他認真傾聽，開始感受到他人的需求。於是，他雖然無法享受生活中曾經擁有的溫飽和其他權利，卻仍能感覺到良知在對他說：「把你微薄的配給分享給那個人，好讓他活下去。」

我在維克多．法蘭可去世前不久拜訪了他。當時，他在奧地利的一間醫院。我告訴他，我很敬佩他畢生完成的工作，也很感激他為包括我在內的許多人帶來的巨大影響。他對我說：「史蒂芬，你說得好像我要離開了似的，我還有兩大計畫正在進行呢。」其中一項計畫是要完成傳記，他取名為「當生命召喚我們時」（正式書名為*Was nicht in meinen Büchern steht. Lebenserinnerungen*，繁體中文版書名為《意義的呼喚：意義治療大師法蘭可自傳》）。這項計畫其實就是在問一個良知的問題：「生命在對我做出什麼請求？」當生命召喚我們時，如果我們可以在關鍵的轉折點（像是想對某件事情做出較為激烈的反應時）稍作停頓，如果我們可以訓練自己暫停一下、數到十，然後捫心自問：「生命在對我做出什麼請求？我的伴侶在對我做出什麼請求？我的孩子此刻有什麼需求？」接著去傾聽、去想像自己那樣生活——這，就是第二個習慣「以終為始（找到婚姻的目的與價值）」的精髓。

每一個人都有四種天賦：
自我覺察、良知、
獨立意志和創意想像。
它們一起賦予我們
人類最終極的自由，
那就是選擇的能力。

——史蒂芬・柯維

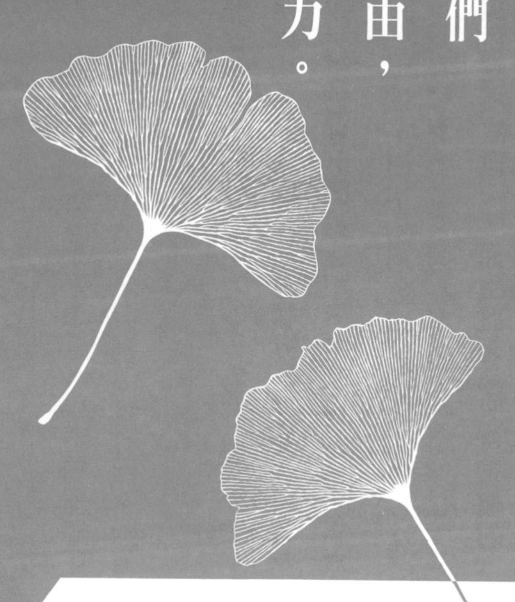

人類的四種天資

信守承諾的重要性

人類被賦予的下一份禮物和天資就是獨立意志，而這就是第三個習慣的本質。第三個習慣是「要事第一（為伴侶保留屬於彼此的時間）」，告訴你什麼事情是最首要的。

目的和價值體系是你這輩子最重要的決定，因為這些會主宰你的所有決定。一旦做出這項重要的決定之後，關鍵就在如何好好地在生活中實行。這需要意志力和紀律，意味著你必須抵抗非常強大的力量逆流而行，而這包括剝奪你真正自我中那些極其強大的文化腳本。這些腳本讓人無法意識到自己擁有可

以好好運用的獨特天資，不知道使用這些禮物可以提升自己的能力、自由、快樂、生產力，以及成為自我生命創造力的能力。因此，獨立意志是第三個習慣「要事第一（為伴侶保留屬於彼此的時間）」的本質。

人類的四個禮物

關鍵在於人類四個禮物的協同交互反應。

- **自我覺察**：你可以跳脫出自己的生命，好好觀察它；你可以跳脫出自己的情緒，好好觀察它；你可以跳脫出自己的感受或想法，好好觀察它。
- **良知**：讓你設想出不一樣的反應，用新的方式重新創造自己的反應。
- **想像力**：用新的方式重新創造自我。
- **獨立意志**：以其他三個天資為依據做出行動。

這四個獨特的人類天資，在你體內發生的協同作用是讓你成為自我生命的創造力的真正關鍵。

這也是確保你把要事放第一的關鍵。在人生中所有的關係裡，最重要的就是家庭關係。如果你研究過行將就木之人在病榻上的相關文獻，就會發現他們真正想要談論的，都是跟自己最愛的人有關的事物。在這些關係之中，最要緊的就是跟配偶之間的關係，即婚姻關係。這是應該放在第一位的關係。

這三個習慣賦予你能力，讓你為自己的生命帶來內在的協同作用與創造力，擺脫繼承而來的傾向、過往的歷史、壓迫在你身上的處境及他人的脆弱。你可以學會寬恕，你可以學會請求寬恕。

「要重建破碎的關係，我們必須先探究自己的心，發現自己的責任與過錯。」

——史蒂芬．柯維

練習行使自由

我常常會問觀眾：「有多少人會彈鋼琴？」通常，大概有百分之五的人回答會，有時候是百分之十。接著我會問：「有多少人鋼琴彈得很好？」通常，大概百分之一或二的人有肯定的回答。然後我又問：「有多少人曾經上過課，可是又放棄的？」常常有多達三分之一、甚至半數的觀眾舉手。我說：「我跟你們一樣。」我還記得小時候我會去老師家上鋼琴課，但是一下課就把課本隨手一丟；下個星期，我再把課本找出來，到老師家上課。最後，老師告訴我的父母：「你們給史蒂芬上鋼琴課只是浪費錢，因為他寧可玩也不練習。他唯一彈鋼琴的時間就是我們上課時，這樣他永遠不會進步。」這種行為造成的結果就是，我沒有彈鋼琴的自由。

那麼，請求寬恕的自由呢？寬恕他人的自由呢？不用他人請求寬恕就能寬恕對方的自由呢？不被冒犯的自由呢？讓這四個獨特的天資和禮物進行協同作用，以成為自我生命的創造力的自由呢？重新翻轉生命的自由呢？有很多自由比彈鋼琴更少見，但是就跟練習彈鋼琴一樣，你需要練習和持續不斷的關注，才能隨時行使這些自由。

快樂的根源

我的手腕上戴了一條手鍊，上面寫著我們的家庭使命宣言，那是用我們家人才能理解的暗號寫成的，大意是：「我們透過服務他人服務上帝。」這背後的概念是，服務是生命真正的精髓。服務他人有時候會產生不便，有時候還會牽涉到犧牲，但這是喜樂的根本——不見得會帶來愉悅，但肯定會帶來喜樂。照顧關係、照顧家庭，就意味著把他人放在自己之前。服務他人的需求、而不在意自己的需求，學著透過他人的雙眼、而非自己的雙眼看世界，這些都屬於人們鍛鍊刺激與反應之間的空間時，可以培養出的偉大能力的一部分。

這一切代表的意思是，先停一下、再停一下，進入自己的腦海，察覺自己的習慣、想像並運用自己的良知，以便想出更好的反應。接著，你就去實行這個反應，跟彈鋼琴一樣，這是需要練習的，你要練習變得更和善、敏感、同理、融會貫通。在我看來，這就是喜樂的根本。

離婚的七個代價

我曾經替蘿莉．伏爾克（Lorie Fowlke）所著的《想要離婚？再想一想》（*Thinking Divorce? Think Again*）寫序。這本書很有趣，因為她本身是一名離婚律師，大部分的時間都在處理婚姻與家庭議題。她同意，有時候我們或許真的需要認真思考離婚這個選項，但她也希望人們再多想一想，把離婚視為最後手段。她希望人們轉換自己的焦點，運用相同的精力、謀略、思維、創意、努力來維繫婚姻。她談到了離婚的七個代價和後果，以及離婚會發生的事情。

1. **耗盡資產：**離婚會花很多錢，雙方會爭奪資產的控制權，同時你還是有帳單要繳，你也必須找個好律師，過程中也有很多費用要花。
2. **展開新的「半」人生：**離婚會讓你的生活形態變得不同。一個家庭不可能分成兩個家庭後，收入還能一樣。子女現在變成有兩個家。銀行也不在乎你有沒有離婚，債務還是得還。

3. **痛苦傷害**：離婚會帶來情感災難，現在沒有，之後也會。你會經歷真正離婚之前的各種痛苦、離婚過程的痛苦、無法參與的節慶與活動所造成的各種痛苦。最後，療癒的過程也有可能充滿痛苦。

4. **生產力受影響**：離婚會影響你找工作，影響你的每一個層面，讓你喪失專注力，進而減少生產力。身為父母的你們，都需要工作。

5. **愧疚感**：你會問：「這是我的錯嗎？」離婚為你的孩子帶來創傷，你則會因為自己讓他們痛苦、失去純真而感到愧疚。子女的態度會反映父母的態度，而絕大多數的離婚都會牽扯到衝突。

6. **自由的迷思**：離婚讓你的生活變得複雜。離婚並不容易讓你的配偶就此消失在自己的生活中，畢竟子女永遠都跟你和你的配偶有所連結。想帶著包袱談戀愛也不容易。

7. **父母都上哪兒去了？**：離婚會傷害我們的社會；未解的衝突會惡性循環給下一代。處於危機之中的父母沒有辦法付出，只想到自己的決定會摧毀與你相關的社群。

伏爾克也引用自身經驗，提出一個又一個的實際案例來佐證這七個離婚所會帶來的代價。以下引自那本書的內容：

研究證實，離婚可以讓婚姻不幸福的人變快樂的觀念是一種迷思。根據芝加哥大學所做的研究，婚姻不幸福的人在離婚五年後，跟那些同樣婚姻不幸福，但繼續跟伴侶在一起的人相比，並沒有更快樂。美國價值觀研究所進行的研究顯示，原本婚姻不幸福但繼續在一起的人中，有三分之二表示，他們的婚姻在五年後變幸福了。事實上，原本將自己的婚姻評為非常不幸福的那些人，有百分之八十在五年後說自己的婚姻很幸福。這份研究最驚人的數據是，如果一對夫妻不幸福，繼續在一起五年後變幸福的機率為百分之六十四，選擇離婚再嫁娶的人，五年後變幸福的機率僅百分之十九。

伏爾克最後做了一個結論：

把傷害加諸在子女、家庭和社群上，等到世代進入尾聲之際，這一切還會值得嗎？假如你的答案還是肯定的，你或許是真的應該尋求離婚的少數人之一。但是假如你還有所質疑、猶豫，假如你覺得離婚可能造成災難動盪，不一定會帶給你自己渴望的喜悅、寧靜或讓你鬆了口氣，請再想一想。

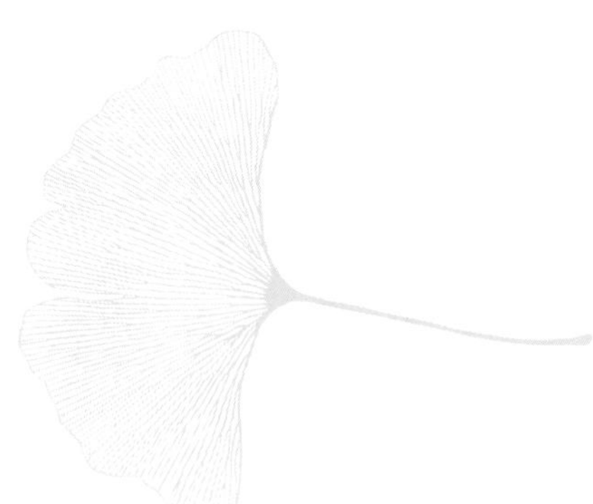

在關係中，小事就是大事。

——史蒂芬・柯維

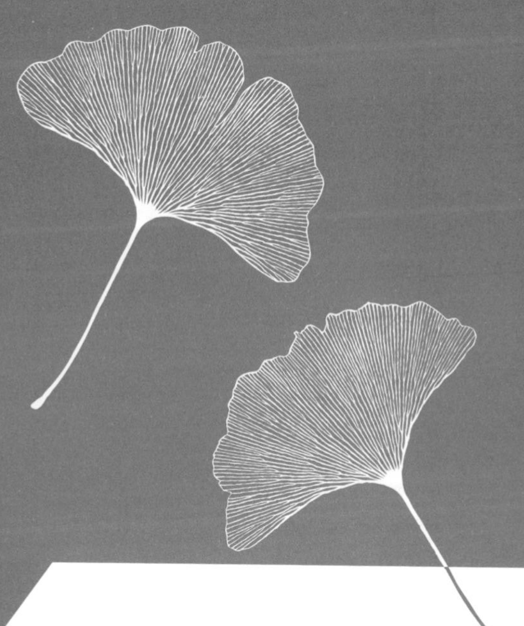

藉由三個習慣，成為共同的贏家

現在讓我們看看接下來的三個習慣，也就是成為共同的贏家需要的三個習慣。

第四個習慣「雙贏思維（傾聽、尊重並雙向溝通）」。以互敬互惠的概念為基礎，永遠想著兩人之間的合一與和諧以及家庭的和睦。

第五個習慣「知彼解己（同理傾聽理解後再表達想法）」。每一個人天生都有想被了解的傾向。

第六個習慣「統合綜效（結合彼此的優點相輔相成）」。高效能的人會專注在自己的長處，並稱讚他人的長處，依靠他人的長處成長。透過尊重、看重他人與自己的差異性所結合起來的成果，會比個體的加總還要強大，因為可以跟他人共同想出解決問題的第三種辦法，比獨自一人能想到的辦法更好。

從「我」到「我們」

很多人發覺，結婚或生小孩讓人感到最困難的一點是，你的整個生活方式都會改變。你再也不能只專注在自己的行程表、自己的優先順序上；你必須犧牲，你必須顧慮他人，考量到他人的需求，思考還有什麼會讓他們快樂。

沒錯，這是事實。然而，當你們真的深愛彼此，共同擁有創造出「我們」的那種使命感，那麼，犧牲就只是為了更大的目標放棄小事罷了。家庭之所以會成為家庭，就來自「我」變成「我們」的這個轉折！希望每一個人都好，並願意為了達到這個目標去愛、去犧牲，這就是雙贏的精神。

看著美麗的婚禮在興奮的情緒、眾人的支持和浪漫的氛圍之中舉行，接著又親眼看見婚姻變質，最後以埋怨收場，更使曾經如此緊密相連的親朋好友因此分化對立，這是一件極其令人訝異且傷感的事。

仔細想想，這兩個人其實沒有改變很多，但他們沒有成功從「獨立期」過渡到「互賴期」。假如他們可以一同成長，越來越多的責任和義務將透過深沉的方式把他們團結、結合在一起。大原則是：對方重視的事對你來說就跟對方這個人對於你的重要一樣。換句話說，你會發自內心地想：「我很愛你，所以如果我得逞了卻讓你不開心，我也不會開心。」

有些人可能會說，這樣你就是讓步、屈服、妥協，但其實不是這樣的。你只不過是把情感焦點從比較不重要的事情，轉移到你愛的人的價值，以及你跟這個人之間的關係品質上。因此，局外人看來好像有一方輸了、一方贏了，其實正是雙贏。

有時候，對他人重要的事情可能也對你也很重要，那麼你們就必須邁向統合，找到一個更高層次的目的或價值，讓你們團結起來，尋找更好的方式來達成那個目標或目的。說到這裡，你發現了嗎？在上述這些情況中，其精神和最終的結果都是雙贏，雙贏真的才是有成效的家庭互動唯一牢靠的基礎。

如果我們可以一直記住對方其實不斷在改變、成長，憑著正確的信念做出行動，並把目的地——也就是終點——放在心裡，我們就會有選擇雙贏的動力和誠心。

練習同理傾聽

極少有人接受過「學習如何在他人的參考架構（frame of reference）進行傾聽」的訓練。我在演講中，總是會問觀眾：「有多少人受過這個訓練？」在數百人的場合裡，通常只有五到十人舉手。我會問那些人：「你們是從事什麼工作的？」他們通常都是老師、教練或諮商師，因此曾受過運用同理心思考的正式訓練。

我們在夏威夷度過研究休假的期間，每天都會騎著本田機車出去晃晃，其中一次的兜風，帶給我非常深刻、感動、感性的經歷。當時，珊德拉的父親剛去世，我們常常談論這件事，也會談到其他很多事情，其中有一個常造成我們的關係緊張的問題是，她對富及第（Frigidaire）這個品牌的家電非常執著。因為這個原因，我們總是必須從萊以耶（Laie）大老遠開車到檀香山（Honolulu），或者從我們那時居住的地方前往某個遙遠的地區，才能找到富及第家電的供應商。我覺得堅持品牌很不理性，我甚至還會給她看分析各個品牌的消費者雜誌，但她就是非要富及第不可。

總之，有一次我們出門兜風時，聊起了這件事，她說到她父親以前是個老師和教練，同時也有在經營家電生意。在極為忙碌的一天結束，回到家後，他會累得躺在沙發上，珊德拉則會唱歌給他聽，給他很大的慰藉。她在說這些時，我能察覺她有一點激動，似乎就要哭了。接著，她講到家電生意的事情。每當她父親在現金流上出現很大的困難或問題時，富及第的製造公司總會提供存貨給他，讓他順利度過難關，重新讓生意好起來。珊德拉在講這些回憶時，我可以感受到她所湧現的情緒。

突然，我明白了這段回憶是她的一部分，形成了她對富及第的觀感。富及第對她父親很重要，她父親對她很重要，而她父親不久前才過世。這讓我覺得自己真是愚蠢、自私又貪心。

其實，我認為伴侶和家庭之間的問題大多是自私造成的。這個經歷讓我明白自己是多麼不具備關愛與同理心，我徹底地感到謙卑並學會了一個道理：好好傾聽，不是只聽對方說出來的話，還要聽見那些話背後的情感，找出那些話背後的意義並尊重之，明白這在對方的生命裡擁有很大的影響，不要急著出動左腦的分析和數據做出評斷。

這次的經歷帶給我很大的影響，教會了我空氣對身體有多重要，那麼「被理解」這件事就對心靈有多重要。如果把空氣抽走，不會有其他任何需求存在；心靈如果沒有感覺到自己被理解，就無法接受他人的影響。

找出第三種解決之道

第六個習慣是「統合綜效（結合彼此的優點相輔相成）」，意思是透過跟另一個人的互動，你們可以想到比其他人所能提出的辦法都來得好的第三種選擇。妥協是一加一等於一點五；統合是一加一等於三，甚至十、一百、一千。這也能讓你跟對方建立起更強的連結，因為你們一起想出了這個解決辦法。你可以創造一套免疫系統，一旦成功在一個問題培養出第六個習慣的能力後，就能夠應用在將來的任何問題上，不管出現什麼樣的問題都無所謂。這是關係和家庭生活的基礎。在孩子面前示範第六個習慣也很重要，這樣他們就能跟任何人合作，共同找出更好的第三種解決之道。

這個解決之道會是完全新穎、完全跳脫你思考方式的辦法，你們得互相合作才能創造出這第三種選擇。這就表示，你必須展現出自己的脆弱、敞開自己的心胸，你也必須深具同理心。當你結合脆弱與同理，把這些脆弱重疊在一起，整個動態和能量就會從負面的防衛和自我領域，轉為正面且有創造力的開放和豐足。這也表示，所謂的豐足是心理的豐足，你會明白獨自一人無法得到所有的正確答案，也會珍惜彼此的不同。你們雙方會各自貢獻不同的過往、不同的教育、不同的風格。當你傾聽這些不同的差異並加以珍視，就會創造出全新的第三種解決之道，而這也是連結開始建立的時候。這個新的辦法會讓你們感覺彼此深深團結在一起，這套免疫系統也會強化。這就是協助產出第三種選擇的第六個習慣。

從某個方面來說，我們可以為我們現在談論的主題訂一個標題：「第三選擇」。這講的是在人與人之間把四個獨特的人類天資（自我覺察、想像力、良知和獨立意志）統合起來，也就是練習第四個習慣「雙贏思維（傾聽、尊重並雙向溝通）」、第五個習慣「知彼解己（同理傾聽理解後再表達自己的想法）」和第六個習慣「統合綜效（結合彼此的優點相輔相成）」。

給自己留點時間

第七個習慣「不斷更新（持續前進、強化自我）」反映了你對伴侶關係、家庭和自我的生理、心理、社交／情感及精神信仰所付出的努力。

珊德拉和我會一起運動、騎腳踏車、游泳，一起做我們喜歡做的事情感覺非常棒。我們也讀很多書，她讀的書跟我讀的不一樣，我喜愛理論書籍，她則喜歡小說和政治書籍，我們會跟彼此分享在不同的書中學到的事物。

我們也學會深入聊聊內心的想法、上一些課、從事一些共同的學習經歷（一起去聽特別的講座），這就是在心理層次不斷更新的方式之一。珊德拉對藝術非常有興趣，我則對撰寫企畫非常有興趣。因此，我們能從彼此獨愛的活動和興趣當中獲得「統合綜效（結合彼此的優點相輔相成）」的益處。

在精神信仰方面，我們早上和晚上會握著彼此的手一起禱告，我們也會冥想、學習、探討我們所選的宗教文本；這樣做可以促進雙向溝通——其實應該是三向，也就是我們兩人和造物主之間的溝通。

在社交方面，我們進行第七種習慣的方式是花時間跟子女、子孫和好友相處。我們有很多計畫要進行，因此常常得婉拒其他許多事物。

依循性格倫理生活的人
擁有強大、深入的根基，
他們可以
承受生活的壓力，
不斷成長精進。

——史蒂芬・柯維

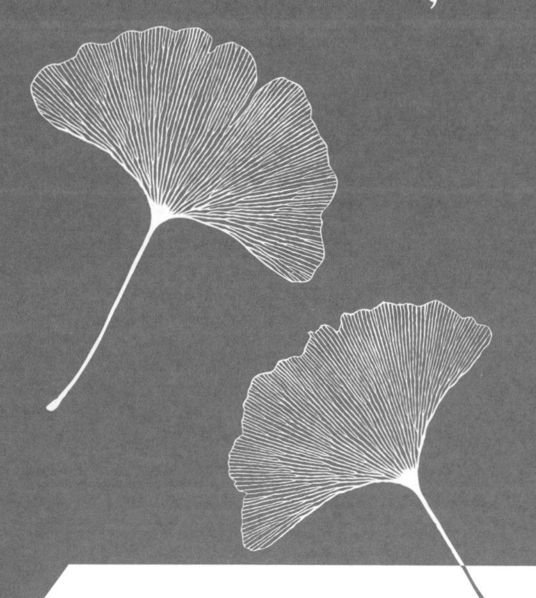

PART 2

打造高效能婚姻的文化

從七個習慣執行的實際操作方法

我想向各位介紹我的兩位摯友——約翰．柯維和珍．柯維。約翰是我在這世上認識最久的一個人，因為他是我親愛的弟弟。約翰與珍把養成七個習慣並將之應用在家庭與婚姻中當成一份志業看待。

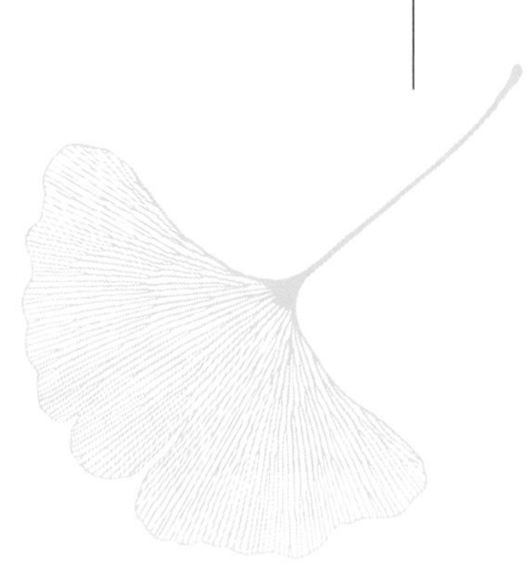

來自約翰的回饋

非常歡迎大家參與我和珍在關於如何打造高效能婚姻的實踐方法的問答。在這個部分，我們要運用世界知名的七個習慣來探索你可以做些什麼改善所有的關係，特別是一起共創家庭的伴侶關係。

請先深吸一口氣。你可以定義自己的婚姻或伴侶關係，不管你想怎麼稱呼這段關係，總之這裡是指兩個成人承諾共度人生的結合關係，可能有小孩，也可能沒有。我們知道，有一些人可能在思考婚姻適不適合自己；有些人可能考慮要結婚；有些人可能擁有重組家庭，面臨了其中包含的各種挑戰；有些人可能在想方設法如何在目前現有的關係中變得更快樂。

我們傳授的是永恆普世的原則，已經在世界各地幫助鞏固過許多伴侶。無論你的處境為何，這些原則都適用，都能讓你變得更快樂。我們來延伸這個挑戰。請挑選七個習慣當中的任何一個，堅持不懈實行二十一天。只要你這麼做，我們保證你可以做出讓自己和家人更幸福的決定。這是我們的承諾。

婚姻／伴侶關係的4C要素

在開始簡短回顧高效能關係的七個習慣之前，我們必須先說明婚姻的4C框架：

- ◆承諾（Commitment）
- ◆性格（Character）
- ◆溝通（Communication）
- ◆陪伴（Companionship）

第一、二、三個習慣可以培養承諾與性格；第四、五、六個習慣可以建立開放的溝通；第七個習慣可以創造無私的陪伴關係。

先讓我們透過長遠的眼光來看待性格與承諾。你們對彼此的承諾是一個全新的思維，有別於多年的童年時期與單身生活所養成的思考方式。

大部分的人都帶著一個錯誤的觀念、錯誤的思維進入一段感情，相信這段感情是個美麗的盒子，裡頭裝著他們渴望的一切：陪伴、親密、友情、小孩，他們相信自己從此以後就會過著幸福快樂的日子。但，更正確的心態、真正的事實卻是，對彼此的承諾起初其實是個空盒子，你必須放一些東西進去，才能從裡面拿一些東西出來。

愛在人們心中，人們必須把愛放進這段關係，必須將浪漫摻入關係。愛、付出、服務、讚美、強化彼此、讓盒子一直都滿滿的，是一對伴侶必須學會的藝術和養成的習慣。假如拿出的東西比放入的東西多，盒子只能是空的。

對彼此的承諾

來自珍的回饋

我是珍，成功的婚姻是無論苦樂都不忘記那份承諾，這需要堅定的性格。

第一、二、三個習慣就能培育這樣的性格。

我們選了瑪莉・派佛（Mary Pipher）所著的《暴風雨的避難所》（*Shelter From the Storm*）裡面的一則故事來闡述這點。這是個關於愛的故事，講到一對夫妻遭遇危險，最後憑著堅毅的性格和對彼此的承諾拯救了各自的性命。作者引用了報紙上的報導來講述，有一對夫妻和孩子在山中健行時，在一座瀑布旁差點發生奪命事故。

事件發生在健行途中，妻子在瀑布上方跌落水中，而她的丈夫和孩子則在岸上驚恐地看著一切發生。為了不被沖下瀑布，這位妻子把自己卡在兩顆大石頭之間，丈夫和岸上其他人試圖形成一條人肉繩索去救她，但是湍急的水流讓他們做不到，還有一些人使用皮帶和衣物綁成的繩索讓她抓，但是那也斷了。接著，這位丈夫單憑繫在腰間的一條細尼龍繩涉入刺骨的水中，結果尼龍繩還是斷裂，使得夫妻兩人都在瀑布頂的水中央擱淺。岸上的人看著丈夫把妻子抱在懷裡，承受急流的沖打。

這對夫妻在水中待了四十分鐘左右後，丈夫就快沒有力氣繼續抓著石頭了，但他的妻子不斷用平靜的口吻跟他說話，讓他保持清醒。最後，一名穿著防寒衣的護管員以繩索將自己跟岸上的陌生人綁在一起，涉入水中朝這對夫妻移動，另一名護管員則在瀑布下方就定位，準備在他們被沖下瀑布時接住他們。快要凍僵、筋疲力盡的夫妻倆奮力往護管員一撲，護管員抓住他們，等待其他護管員把他們拉上岸，岸上的護管員遞上熱飲品給他們，藉以緩解失溫的狀況，接著由直升機送到醫院。護管員告訴在岸上飽受驚嚇的孩子：「你們的爸爸是英雄，他救了你們的媽媽。」

對我來說，這是一個愛的故事。這名丈夫做了家人遭遇危機時會為彼此做的事，只靠一條細細的尼龍繩保障自己的安全，他在瀑布頂上涉入冰冷的水中，要拯救妻子的性命；這名妻子也做了家人該做的事，在希望越來越渺茫、丈夫快要放棄的時候，鼓勵他撐下去。

我們對這對夫妻一無所知，也不知道他們在這次危機以前經歷過什麼。我們知道他們有小孩；我們知道當丈夫看見妻子遭遇生命危險時，完全不顧自己的生命，涉入冰冷的水中去救她。然後，她內在的力量拯救了他。這就是婚姻之中的愛。我們可能有時候會爭執、會意見不合、會抗拒彼此，但是我們也願意冒著生命危險拯救對方。

儘管充滿困難與挑戰，你也能做得到

這本書講的是希望，講的是兩個有缺點的人如何在小事和某些大事上觀點不同，卻仍願意涉入湍急的川流、冰冷的河水，以便拯救彼此。這本書講的是不完美的人如何下定決心踏入那條溪流來拯救自己的婚姻。

來自約翰的回饋

我們要給你一些工具，幫助你鼓起勇氣走進關係和家庭的湍流。這些工具不是OK繃，你需要用截然不同的方式看待自己和伴侶，也需要重新找回承諾。這些工具是七個可以練習並學習的習慣，是可以做得到的。

但是首先你們必須決定值不值得，因為你們勢必要做出一些改變，才能真的願意為了對方涉入冰冷的湍流。改變可以從自己先開始。

創造高效能的婚姻文化

婚姻文化是由伴侶雙方的習慣所形成，有哪些詞可以形容以下這兩種文化可能帶來的感受？

第一種婚姻文化	
態度	表現
被動消極	脾氣暴躁、互相責怪
毫無頭緒	沒有計畫和目標
小事第一	過於忙碌，沒有相處時間
輸贏思維	總是在競賽比較
解己為上	假裝認真傾聽、打斷對方
忽視長處	專注在弱點上
生活失衡	疲憊、停止學習

第二種婚姻文化	
態度	表現
主動積極	保持冷靜、道歉
以終為始	目的明確
要事第一	為對方留時間
雙贏思維	尊重對方的需求
知彼解己	傾聽對方
統合綜效	重視對方的長處
不斷更新	運動、學習、玩樂

以成效原則為基礎的七個習慣

所謂的原則，是不受時空限制的通則，所有的國家、關係都適用。

習慣一 主動積極（冷靜思考再選擇下一步）：選擇、責任、主動。

習慣二 以終為始（找到婚姻的目標與價值）：願景、目的、承諾、意義。

習慣三 要事第一（為伴侶保留屬於彼此的時間）：專注、優先順序、紀律、正直。

習慣四 雙贏思維（傾聽、尊重並雙向溝通）：勇氣、體諒、互惠。

習慣五 知彼解己（同理傾聽理解後再表達想法）：互相理解、同理、信任。

習慣六 統合綜效（結合彼此的優點相輔相成）：創意、合作、多元、謙遜。

習慣七 不斷更新（持續前進、強化自我）：更新、持續進步、平衡。

想要為人生帶來小的改變，
就改變行為；
想要做出重大的突破，
就改變視角。

——史蒂芬・柯維

習慣 1

主動積極

冷靜思考再選擇下一步

在關係中放入選擇與責任

讓我們從第一個習慣「主動積極」開始，也就是能夠選擇主動積極、而非被動消極所需要付出的努力和培養的性格。

來自珍的回饋

為了理解主動積極和被動消極的不同，我們可以這樣想：想像我的手中拿了兩個瓶子，右手拿的是汽水、左手拿的是普通的礦泉水。現在，我要把這兩個瓶子搖一搖，想像這兩個瓶子會變成什麼樣子。汽水那瓶會充滿泡泡，礦泉水那瓶雖然晃來晃去，但是大概沒什麼改變。

現在，想像這兩個瓶子是兩個在高速公路上行駛的人，就開在對方隔壁的車道。突然間，有另一輛車穿過兩人行駛的車道，兩人因此緊急煞車。充滿氣泡、隨時準備爆炸的汽水瓶代表其中一個駕駛。他可能有什麼反應？他是不是很有可能爆發？為什麼？因為這個人只會被動做出反應，不會主動選擇反應。他讓情緒控制自己的反應，而不是給自己空間，選擇反應。那麼，代表礦泉水瓶的那個人呢？他可能會怎麼做？他可能會甩掉情緒、讓自己恢復冷靜，然後繼續開他的車。為什麼？因為他很主動積極。

被動消極者和主動積極者之間有什麼差別？被動消極者會根據自己面臨的處境馬上做出行動，不顧後果如何；主動積極者會停下來思考，根據自己重視的東西——可能是他的配偶和孩子——選擇反應。主動積極者會想：「我不要對他人做的事產生反應。我可以控制自己的想法、心態和行為。我不要因為他人對我做出的事情而激動。我不是受害者。」

「被動消極者說的話有一個很大的問題，那就是它會變成一種自我應驗。他們……會覺得自己是受害者，失去控制、無法掌握自己的人生或命運。他們會責怪外在力量——怪別人、怪局勢、甚至怪老天——把自己變成這樣。」

——史蒂芬．柯維

在關係中，我們要讓配偶或伴侶快樂，而非試圖把他們變好。你可能會想，有什麼方法可以讓伴侶快樂、而不是變好？

史蒂芬．柯維的建議

如果想要幸福的婚姻，就必須當一個能產生正能量的人。在建立自我認同的同時，你也是在決定家庭的命運。

進入婚姻或關係時，你自然會有希望這段婚姻或關係呈現什麼模樣的想法，會對伴侶或配偶有一些期許，但把自己的想法和期許加諸在伴侶身上，其實是個很大的錯誤。假如你真的愛他，你會把他當成個體來看待，並試著了解雙方的差異。若把你愛的人簡化成你認為他們應呈現的模樣，這個想法是把他們變成一件東西，人不是東西。杜斯妥也夫斯基（Dostoevsky）曾說：「愛一個人，就是接受上帝為他創造出來的樣子。」不是你希望他變成的樣子。

愛不只是一種感覺，還要能夠願意看見對方的本來樣貌。這意味著我們珍惜並重視彼此的差異——不是單純忍受差異，而是擁抱差異。所謂的擁抱差異指的是樂於看見彼此之間的差異，能夠利用雙方獨一無二的天賦。分歧的興趣、獨特的天賦、怪異的性格，這些都讓生活和愛充滿樂趣，令人難以抗拒。我們要能真正地把所愛之人看成一件無可比擬的珍寶，把他的相異點視為禮物。史蒂芬．史托斯尼（Steven Stosny）說，同情心「使你對所愛之人獨特和脆弱的地方特別敏感，讓你看見伴侶跟你是不一樣的人，擁有不同的經歷、性情、脆弱，在某些方面來說，價值觀也不同。」

雙方的合一追求的不是單一，彼此的團結追求的不是相同。婚姻是一個理想的互補團隊，由兩個擁有不同天賦的人達成團結，他們因愛著對方而結合，並能深切體諒彼此互不相同的角色、認知與能力。

不要想著把對方變得更好，而要想著如何讓他快樂。我們很容易會希望伴侶變得更像自己，彷彿我們的做法更好。我在自己的婚姻中學到，這種心態永遠沒有成效，還忽視了對方為這段婚姻帶來的獨特禮物。與其試著把他變得跟自己一模一樣，不如欣賞他跟你不同的地方，跟他共進退，努力讓他快樂。

讓我講一個小故事。有一位女性決定跟丈夫離婚，因為他很愛喝酒，這位女性受不了了；他們有小孩，但她再也不想過這樣的生活。我告訴她上述的概念，「不要想著把他變得更好，不要試圖改變他。」我說，你試試看三十天不要批判，只當他的光芒。三十天後，他已經兩週滴酒不沾，他們也變得更快樂、更團結。

我問他們，這段時間發生了什麼事。他說：「她對我好到快把我窒息了。」她說：「對，一開始是這樣，但後來就變成習慣，我也漸漸喜歡這樣做。」接著他又說：「過了兩個星期，我也喜歡這樣的感覺，然後開始思考什麼才是真正重要的。」

我很高興看著他們的婚姻因為他們決定成為彼此的光而修復。所謂成為彼此的光，就是當個能夠付出、給予善意、從不批判的榜樣。

如果雙方都是再婚，過去各自有一段多年的伴侶關係，結果後來走上終點，現在兩個人都希望不要重蹈覆轍，有什麼需要注意的地方？

約翰．柯維的建議

我會建議他們，首先最重要的事情是培養這七個習慣，閱讀、研究這些習慣。這會給予他們新的心態，讓他們從被動消極轉為主動積極；這會給予他們新的技能，讓他們先求理解對方，而非獲得理解；這會給予他們新的工具，幫助他們一起創造伴侶使命宣言，有個共同的目標。學會這七個習慣，他們就能看見理解對方的價值，而非一味批判。最後，第七個習慣「不斷更新（持續前進、強化自我）」會幫助他們一起不斷成長。

我有一個好友在第一任妻子過世後，最近又再婚了。我問他：「跟另一個人結婚感覺怎麼樣？」他說：「我學到一個重要的真理，那就是別試圖改變對方。我們還在交往時，就同意我們不會嘗試改變對方。我們會接受彼此，努力讓對方快樂。這真的很困難，但是也確實有用。」

針對重組家庭，我的經驗是，第一個習慣是成功的絕對關鍵。要創造一個使命宣言，擁有自己的傳統、單獨相處的時光，把這些事情放在承諾的中心，就能變得強大團結，平安度過大風大浪。

你有選擇反應的自由

來自約翰的回饋

被動做出反應的人沒有暫停鍵可以按，當下就馬上爆發。主動選擇反應的人會按下暫停鍵，思考後果、使自己平復，接著根據自己的價值觀做出選擇。

簡單來說，如果你認為問題不在自己身上，這個想法其實就是問題本身。

主動積極者不會吵架，他們會停下來，深吸一口氣。他們會重新思考當下的狀況，他們不會因為憤怒做出行動，而會管理自己的怒氣。他們會找事來做，讓自己分心，例如想別的事情、散步、聽音樂。他們會問自己：「現在我得到了什麼樣的請求？」

來自珍的回饋

身為人類，我們有選擇反應的自由。我們有自我覺察的天賦、有想像力、有良知、有獨立意志。我們可以重新翻轉自我，我們可以自願做出改變，可以學習暫停一下，學習重新思考、看見各個選擇會帶來的結果，並根據自己的價值觀做出選擇。我們能夠做出適當的「回應」，而非反射性地做出「反應」。

來自約翰的回饋

我接下來要說的這個啟示是我在多年前得到的。那時，我和珍已經結婚了好幾年，我發現自己下班回家會對她和孩子擺出一副批判的態度，例如我會說：「天啊，家裡亂七八糟的，妳一整天都做了些什麼？」

你覺得這樣的言行會有什麼結果？顯然，我傷了珍的感受，也傷了我們的關係，並得到憤怒的回應。我當時遵循的是舊思維、不正確的思考方式，幸好我後來改變了，我運用自我覺察和良知這兩份天賦，發覺到自己究竟做了什麼。

我的解決方法是，下班開車回家，到了家，我會先停在車道上按下暫停鍵，然後想：「我所深愛、所在乎的一切都在那個家。他們是我每天去上班的原因。」然後，我下了車、走近房子，帶著這個主動積極的新心態踏入家門時，我會敞開大門和雙臂大喊：「我回來囉，大家，克制一下自己喔！」這番話鮮少會讓他們停下手邊的事情，但接著我會大笑，抱起一個孩子，然後開始幫忙。最後，我會走向珍跟她說：「甜心，妳怎麼樣？今天過得好嗎？有什麼我可以幫忙的地方嗎？」

要是我從來沒學會第一個習慣「主動積極」呢？要是我從來沒學會管理負面情緒或負面的價值觀呢？要是我總是不顧後果，每次都直接說出心裡話呢？

選擇主動積極、不要被動消極，是七個習慣的基礎習慣。這樣做的結果就是互相尊重欣賞、耐心和長久的關係；這樣做可以建立信任感。

「人類的堅毅性格會從對彼此做出的承諾中誕生，而婚姻就是承諾的最高形式。」

——詹姆斯・威爾（James Q. Wilson）

你可以選擇自己的反應

主動積極者會這樣說：「健康穩定美好的關係不需要兩個完美的人來建立，只需要彼此願意做出必要的調整，一輩子不分離，享受對方的存在。」

來自珍的回饋

很多人認為，他們無法掌控發生在自己身上的事情。他們會說：「我天生就脾氣火爆。我爸是這樣，我爺爺是這樣，我們全家人都這樣，這是基因問題。」或者「嘿，我早上就是脾氣差，一直都是如此，你要試著接受，這是基因的關係。」或者「是我的家庭環境把我變成老巫婆。我是個很可人、迷人的女子，但是如果你知道我每天回家要面對的是怎麼樣的男人，你也會跟我一樣。這不是我的錯。」

事實是，我們所有人都會受到基因和早年或目前的環境影響，但是我們不會被這些因素決定。我無法控制自己的種族、自己的父母是誰、自己的身高，但是我可以控制我對這些東西做出的反應。你能控制伴侶的心情、脾氣或感受嗎？不能。你只能選擇自己的反應。

有一次，我和約翰替一間大銀行的員工上課。課後，我們走下觀眾席想認識大家，跟他們握握手、看著他們的眼睛、跟他們說說話，了解一下誰來上了這堂課。過了幾分鐘，我發現身邊站了一個男人，他把臉湊得很近，看著我的雙眼後說：「妳說要主動積極，但要是妳有個壞脾氣，而且這一生都從沒辦法好好控制住呢？」我看著他的眼睛說：「那麼你的伴侶和孩子恐怕會恨你。」

他很驚訝我竟然說了這樣的話，一氣之下轉身走了。我也轉過身，對於自己竟敢說出如此大膽的言語感到錯愕。但是當我聽他說話、看著他的眼睛時，我知道這個男人其實有能力根據自己所重視的東西選擇反應。

當你選擇暴躁和憤怒，這會對關係造成多大的傷害？

在另一場活動，我們剛教完第一個習慣，說明如何主動積極、選擇自己的反應。一名女子舉手，說：「我很會大吼大叫。所以妳的意思是，只要我不想吼叫，我就可以不吼叫？」全班都說：「對，妳可以不吼叫。」隔天早上，約翰問班上：「昨天晚上有沒有人嘗試說或做了什麼新的事情？」昨晚的那位女子又舉起手說：「昨天晚上回到家，我下定決心不要吼叫。我有一個丈夫、一個繼子和一個兩歲的小孩，我每天都對他們大吼大叫。但是昨天晚上我一次也沒對他們吼叫，我真的做得到。」全班都拍手鼓掌。

第一個習慣是要讓你確立自己坐在駕駛座的位置；你可以控制自己的想法、你允許自己說出口的東西。

7大習慣的練習記錄

實踐第一個習慣：主動積極

現在，讓我們試著應用這個習慣。在思索主動積極的新心態時，問問自己下面的問題：

◆你擁有哪些主動積極的行為，希望在關係中延續下去？
◆你擁有哪些被動消極的行為，希望可以停止？
◆你相不相信，如果自己能夠主動積極而非被動消極，你就可以做出使自己和他人快樂的選擇？

主動積極的定義：根據自己的價值觀和對自己最重要的東西來選擇反應。

被動消極的定義：根據情況或他人以及我們當下的感受做出反應。

「我們擁有做出選擇、創造自己天氣的能力與自由。」

——史蒂芬．柯維

專注在影響圈上

如果你是主動積極的人，你會把注意力放在自己能影響的事物上，不去擔心你無法影響的東西。你會由內向外進行。

人生中可以影響的事物有哪些

請把你的人生想成兩個圈圈：

◆**關注圈**：你所關心但不在你直接影響範圍內的事物。

◆**影響圈**：你可以直接影響的事物，尤其是你自己及信任等你可以發揮影響的層面。

你生活裡的人事物分別落在哪一個圈圈？

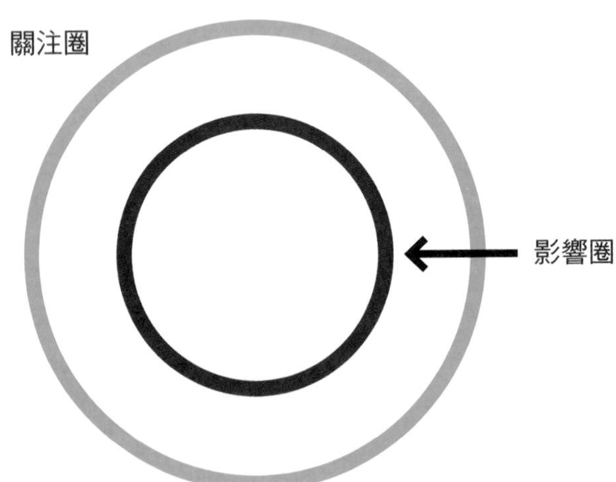

主動積極的焦點：影響圈

1. 簡單敘述婚姻中你很關心、常常去想的狀況。

2. 上面描述的狀況中，有哪些特定議題是你雖然在意，但卻無法控制的？

3. 有哪些部分是你可以影響或控制的？

如何做出主動積極的選擇？

在對一個使你情緒激動的情況做出回應以前，請運用選擇的自由：

1. 暫停：按下「暫停鍵」。
2. 思考：有哪些反應的選擇，而這些選擇又會帶來什麼結果？
3. 選擇：選出最好的回應方式。

假設伴侶說了一些很可惡的話，讓你很生氣。

現在請把這三個步驟應用在你剛剛在影響圈練習中提及的三個難題中。

發生在你身上的事 → 1. 暫停 2. 思考 3. 選擇 → 冷靜思考後的回應

1. **暫停：**下次這件事發生時，你會做些什麼讓自己按下「暫停鍵」？

2. **思考：**在你的影響圈中，有哪些冷靜思考後的回應方式？

3. **選擇：**上述這些回應方式，哪一個可以讓你得到最好的結果？

7大習慣的練習記錄

當我們真正明白
什麼對我們最為重要，
我們的人生
將會非常不同。

——史蒂芬・柯維

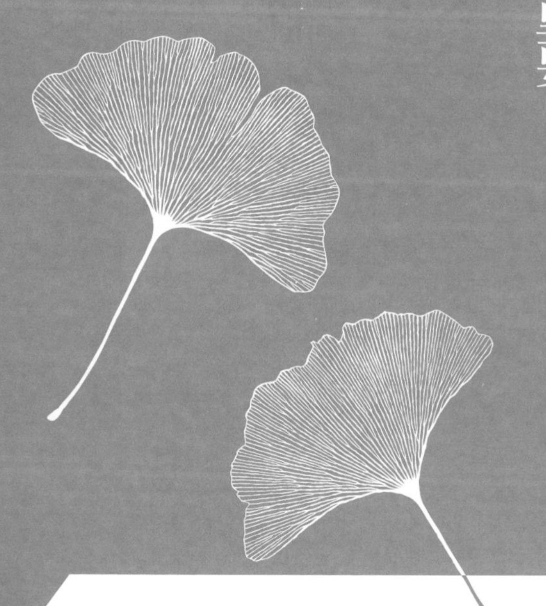

習慣 2

以終為始

找到婚姻的目標與價值

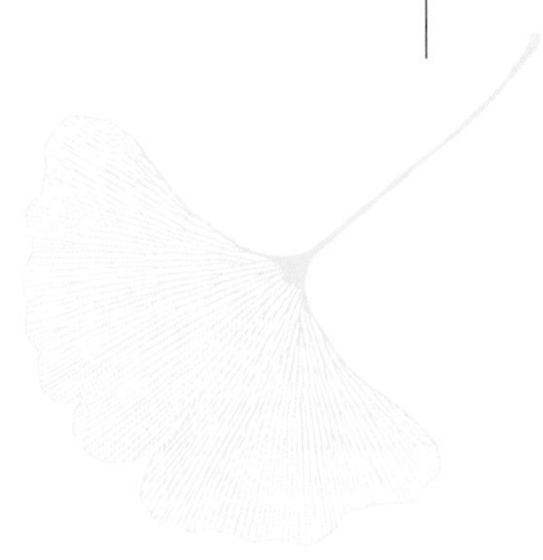

為關係帶來目標和願景

第一個習慣講到了「主動積極（冷靜思考再選擇下一步）」，你要為自己和自己的想法、態度、行動負責。你不是受害者，要對自己負責。如果是這樣，那麼第二個習慣問的就是：

◆你是什麼樣的人？
◆你有什麼樣的主張？
◆你有什麼樣的價值觀？

這裡要講的是，清楚繪製出你個人的面貌、你個人的價值觀、你希望靠關係的承諾走往何處。

在不知道目標的情況下拼拼圖

來自珍的回饋

假設有人請你跟伴侶一起拼一幅拼圖，你們以前拼過很多拼圖，很興奮地把一千片拼圖全倒出來，攤在一張大桌子上。接著，你們拿起盒蓋，想看看拼好的圖長什麼樣子，卻沒找到圖片，只見一片空白。不知道圖長什麼樣子，你們要怎麼拼？要是你們能看圖一秒鐘也好，那就夠了，那樣就能帶來很大的不同。但若沒有這個機會，你們根本不知道如何開始。

現在，想想這一千片拼圖，再想想你跟伴侶之間的關係。你們心中有目標嗎？你們是否能清楚描繪出一年後、五年後希望婚姻變成什麼模樣？或者，你們毫無頭緒？

為伴侶關係制定飛行計畫

第一個習慣告訴你，你是人生的駕駛，不是乘客；第二個習慣告訴你，既然你是駕駛，請決定好你們兩人想要前往的地方，畫出通往目的地的地圖。

◆你喜歡兩個人在一起的什麼地方？

◆你為什麼想繼續在一起？

◆遇到困難時，你為什麼想要努力堅持，而不選擇放棄？

第二個習慣要求你制定所謂的關係使命宣言，把它裱框並放在臥室，用視覺提醒你，你們對彼此的諾言。你們向對方承諾，會在身心靈上對彼此忠誠。

婚姻不只是養兒育女、分攤家事和性愛，你們要共同創造一個新生活，創造一個充滿獨特象徵、傳統和習性的家。在一段婚姻裡，你們要懂得欣賞各自扮演的角色，因為這是你們在一起的原因，並讓你們明白身為一個家的一部分、擁有一個家庭所代表的意義。

要如何制定婚姻使命宣言？找個安靜的時刻，讓雙方都能完全把注意力放在彼此身上，接著問下列這些問題：

◆你還記得小時候跟家人一起度過的哪些假期和時光？
◆你們有哪些家庭傳統？
◆這些傳統有哪些被你帶到自己組成的家庭？
◆有沒有哪些傳統是你想要建立但是還沒做到的？

第二個習慣要請你定義出你希望伴侶關係代表的意義。你希望自己的婚姻在五年、十年後變成什麼模樣？我們無法控制世界會變成什麼樣子，但是我們完全可以掌控自己想要的家的模樣。

「婚姻很多時候都處於脫軌狀態！關鍵在於制定一個目的地，然後不斷重返通往目的地的道路。」

——史蒂芬．柯維

你希望你的關係代表什麼？

那麼，我們要怎麼開始繪製這份婚姻藍圖？首先，各自定義出生命和婚姻中對你重要的事物，接著再共同針對這些事物做出定義，這是你可以決定的。要是連你自己都不知道什麼對你很重要，誰會知道？要是你們兩人都無法確定什麼事是自己重視的，誰能替你們做決定？電視劇？電影？你真的希望今日的大眾文化替你決定什麼才對你的婚姻最好？三十年前的文化對家庭很友善，今天的文化卻被形容為「毒害婚姻」、「傷害家庭」。

出現危機時，如何解決無法調和的差異並拯救一段婚姻？

史蒂芬．柯維的建議

婚姻會破裂，很多時候是肢體暴力或不貞等真正的背叛造成的，但也經常是因為沉浸在「選擇只有兩種」的思維帶來的結果。這種心態會讓愛變成極度的不尊重，於是有些婚姻變成充滿怨懟的大辯論。家人不是全好，就是全壞，彼此互相對立，我的陣營對抗你的陣營。有些家庭經歷的情感暴力相對較細微，不那麼明顯，如不時發生的口角、挑剔、中傷，彷彿在進行一場病態的比賽，想看看誰能讓誰更悲慘。「如果你愛我，就會幫忙倒垃圾。」「我整天辛苦工作，有誰感謝我？」「他們也是你的小孩啊。」漸漸地，在幾乎難以察覺的情況下，高牆越築越高，最後只剩一片冰冷的沉默。

「個性不合」是最常見的離婚理由。這其中涵蓋的問題很多，包括經濟、情感、社交、性愛方面，但追根究柢就是雙方抗拒差異，而不珍視差異。「我們從來沒有意見相同的時候。」「我無法理解她的想法。」「他毫不理性。」久而久之，絕望生了根，唯一的希望，似乎就是離婚。

反之，唯有伴侶把差異視為珍寶，才能成就偉大的婚姻。對他們而言，彼此帶進婚姻的文化、怪癖、天賦、長處、反射動作與本能都是開心和創意的來源。他缺乏耐心，因此不擅長記帳，但是他的隨性卻是他有趣的原因；她十分保守，有時使他十分氣餒，但是她的貴氣令他驚奇讚賞。因為他們非常珍惜對方，所以可以結合樂趣與高貴。

兩個人結婚了，便有機會創造第三種選擇、一個獨一無二的家庭文化，過去不曾存在，往後也永遠不可能出現。在他們與生俱來的個人特質之外，每個伴侶都代表著自己那套健全的社會文化，其中包括信仰、規範、價值觀、傳統，甚至是語言。其中一人的原生家庭可能擁有深邃但有點距離的關係，衝突向來都受到壓抑，或是在私底下悄悄解決；另外一人的原生家庭可能有著喧鬧又情感豐沛的關係，衝突會像火山一樣爆發，接著平息，最後被慢慢淡忘。現在，兩人結婚後便誕生了新的文化。

第六個習慣結合「統合綜效（結合彼此的優點相輔相成）」指的是這兩個先前就存在的家庭文化之間的關係，而且可以是正面的，也可以是負面的，端視伴侶雙方的思維來決定。假使他們將差異看成威脅，就會出現大問題。相較之下，如果他們很高興彼此有這些差異，很想了解對方，探索彼此身上那些新奇的觀念，他們就能蓬勃茁壯。曾經有人說：「跟我太太結婚就像搬到國外一樣。一開始，適應那些奇怪的習俗很有趣，她也這麼覺得。但是現在，我們知道這些發現永不會停止，這是最最偉大的一場冒險。」

請注意！我所謂的「珍視差異」，不是要你忍受任何違法或可惡的事物。沒有人應該忍受伴侶的成癮症，或是待在情感或肢體的暴力關係中，而不尋求專業人士協助。我認為你應該勇敢地對抗暴力行為，絕不耽擱。

話雖如此，在沒有非法情事的狀況下，婚姻衝突會發生，通常是因為兩個文化出現價值觀、信仰和期望的碰撞。結婚當然不是為了吵架或給對方痛苦，但有半數的婚姻是因為無法創造出第三種選擇、超越雙方的兩種文化而瓦解的。

除了我上面提到的那些，我建議你尋找一個可以使你們團結的價值，要高於那些難以調和的差異，特別是那些比較不會造成傷害的差異。這樣一來，你們的問題就變成如何團結一致，而非如何弭平差異；你們也就不會再往不同的方向走，而是因為一個更高的價值團結起來。例如孩子的幸福與成長——這樣做就能讓人們把所謂「難以調和」的差異放在次要位置。

7大習慣的練習記錄

實踐第二個習慣：制立關係使命宣言

來自約翰的回饋

現在，讓我們把第二個習慣化作承諾。我們相信，只要能「以終為始」，共同擁有一個你們討論過的願景，並且知道自己希望的婚姻和家庭代表著什麼，你們就能做出為自己、為家庭中的其他人帶來幸福的選擇。

婚姻使命宣言把生命的主要目的和價值濃縮在裡面，可以提供願景和方向，並提醒夫妻在做重大決定時，什麼要拒絕、什麼要接受。以下是某些夫妻撰寫的使命宣言範例：

◆互愛。
◆互助。
◆互信。
◆運用我們的時間、天賦和資源使彼此強大。一起祈禱。

另有一對夫妻這麼寫：「做為平等的伴侶，我們想要愛人、享樂、教導和學習。我們是一個團隊。」

還有一對夫妻寫道：「我們不要責備怪罪。我們會問對方：『你能幫助我了解嗎？』」

我與珍的使命宣言很簡單：「沒有椅子是空的。」這意思是，我們可能因為生離死別失去某個人，但在情感上，他們永遠不會消失在我們心裡。在情感上，我們不希望落了任何人。

「你們的使命宣言會怎麼寫？一起創造可以激勵你們的宣言，把它裱框貼在牆上。這就是你們婚姻的藍圖，會告訴你們五年後自己想要抵達的地方。這份藍圖就是你們自己。」

——珍・柯維

配偶／伴侶在婚姻的價值——練習

我們想請你們花十五分鐘的時間各自分開獨處。把電視和手機關掉，到一個不會被打擾的地方，拿起紙筆，寫下你希望你的婚姻代表的東西。筆不要停頓地連續寫五分鐘，也不要擔心優美度、通順度或錯字，因為這是給你自己的。

接著，兩人一起比較雙方寫的內容，找出你們重視的東西，一起挑出一兩句可以代表你們婚姻價值的文字。

共同的價值

找出對你和伴侶最重要的事物是很重要的，這些就是你們的價值。所謂的價值，指的是你對於人事物和原則的優先順序。完成下列項目，探索雙方最重視的價值。

對我來說最重要的東西：

1. 對我來說最重要的三件事物。

2. 我很欣賞的一項特質。

3. 我願意賭上生命的一件事物。

我們一起做的事情：

1. 用一些語句描述我希望伴侶怎麼對待我。

2. 我們婚姻的兩個主要目的。

3. 我希望伴侶知道的一件事。

我們如何尊重他人：

1. 當我們＿＿＿＿＿＿時，朋友會感覺受到我們的歡迎。

2. 我最喜歡我們為某人做了某一件事，這段故事是這樣的：

＿＿＿＿＿＿

3. 我希望他人談論我們的關係時可以說到的一件事：

＿＿＿＿＿＿

「假如你問我：『能為我的婚姻帶來最大影響的一件事是什麼？』我會說：『跟伴侶一起制定夫妻使命宣言。』這將會是你們可以一起完成的最重要、影響力最大的一件領導活動。」

——史蒂芬·柯維

夫妻使命宣言

現在，將各自的想法湊在一起，創造屬於你們的夫妻使命宣言。夫妻使命宣言就好比你和伴侶必須遵從的一套憲法，可以幫助你們在共同的生活中做出決定。這代表了你們家的目的和價值，能讓你根據你們共同擁有的原則塑造自己的未來。

使命宣言有很多種形式，有些長，有些短，可以是一句話、一個詞、一張圖、一首詩，或甚至是一首歌。把它變得專屬於你們兩人的伴侶關係。

按照以下步驟開始

制定夫妻使命宣言的三條規則

1. 帶著尊重的心聆聽。
2. 準確無誤地重述。

3. 記錄或寫下表達的方式。

第一步：探索你們的關係

跟伴侶一起討論下列問題：

1. 我們怎麼對待彼此？
2. 身為一個團隊，我們能夠各自做出什麼獨特的貢獻？
3. 我們想要一起達成的大目標有哪些？
4. 我們各自擁有什麼獨特的天賦和技能？我們為彼此完整了哪些獨特的天賦和技能？
5. 我們的生命代表什麼？
6. 我們的夫妻身分認同是什麼？
7. 是什麼讓你想要回家？
8. 什麼事情對身為夫妻的我們來說真的很重要？
9. 我們這個家最重要的優先事物是什麼？

10. 我們希望我們的家庭依循哪些原則（如信任、誠實、和善、服務等）？

其他考量可能還包含：

1. 以父母的身分來說，我們想要怎麼做？
2. 我們將怎麼對待彼此？
3. 我們要如何資助生活？
4. 我們要怎麼對待孩子？
5. 我想成為什麼樣的伴侶？
6. 我能如何鼓勵、協助伴侶完成志向和義務？
7. 腦力激盪一些可以寫進使命宣言的想法和字詞。記住，沒有什麼想法是不好的。
8. 開始草擬宣言，但別忘了，這不一定要一次完成。你們可以慢慢擬定，直到雙方都滿意成果為止。
9. 把宣言張貼在家中明顯的地方，做決定或起爭執時可以拿來參考、思索。

第二步：寫下夫妻使命宣言

一篇合適的夫妻使命宣言的評斷標準有：

1. 不受時間限制。
2. 同時處理結果和方法，也就是理想的成果和達到這個成果的方法。

夫妻使命宣言的四個部分為：

1. 理想的家庭特徵。
2. 對家庭成員造成的理想影響。
3. 有意義的目的。
4. 已辨識出的力量來源（原則）。

三大警告：

1. 不要趕。

2. 不命令。
3. 不忘記。

柯維會談室

重組家庭如何撰寫夫妻使命宣言？

兩個不同的家庭共組一個新家庭具有其特殊的挑戰，只要適當應付，就能為所有家庭成員帶來長久而有意義的關係。在制定夫妻使命宣言時，你可能可以考慮下列建議：首先，花時間制訂你們的婚姻使命宣言，不要忘記你們兩人必須成為家中一股團結穩定的力量。重申建立重組家庭的目的，一起討論出共同的長處、價值觀和原則，確定彼此該如何形成團隊，以關懷並善解人意的態度分攤家庭和領導的義務。

彼此討論由誰負責管教小孩，孩子應該在什麼情況下如何進行管教。討論出管教（而非懲罰）孩子的明確方式，在達到改正和成長的同時，依然維持充滿愛的關係，強化彼此身為父母的身分。還有，要定期來場約會，花時間與彼此相處。依循、親自示範你希望這個重組家庭遵守的原則和價值觀，這過程可能需要一些時間，但卻可以打造你的信用。

努力跟每一個孩子建立溫暖關愛的關係，這同樣會需要一些時間。成為孩子的父母，也做他們真正的朋友，定期在他們的情感帳戶存款，例如替他們守密、為了理解而傾聽、做一些小舉動。當你們兩個人都覺得自己跟所有的孩子建立了溫暖、可信賴的關係，他們也覺得自己被聆聽、被理解了，他們就很有可能願意接受你的影響。這就是可以開始制定家庭使命宣言、創造共同家庭願景的時機。務必確保所有家庭成員都有深入參與這個過程，這樣每一個人才會感覺這個家庭使命宣言是自己的。要有耐心，慢慢來。

晉升祖父母後，要如何制定夫妻使命宣言才能成功控制空巢症候群？

經過幾十年的婚姻、可能也養育子女許多年了以後，你們現在進入只剩下自己和伴侶的人生階段。這可能感覺有點可怕，因為你們向來都只有養育自己的孩子。但是現在你們可以含飴弄孫了。曾經有人這麼說：「我看過巴黎夜晚燦爛的燈火，也看過紐約夜晚絕美的燈光，但這些都比不上我的孩子帶著孫子回家的車尾燈還要美麗。」這聽起來好像有點自私，不過這樣你們才能享受一點私密時光。但是老實說，如果你問我，什麼是我最快樂的時光，我還是會說跟孫子一起做各種事、被兒孫圍繞的時候。

成為祖父母輩之後，你們可能會想要制定一個使命宣言，規範自己的生活以及跟成年子女和孫子相處的方式。記住，即使孩子已經成年，你們還是可以當個睿智的父母，以善解人意、思慮周到的方式給予他們協助。他們還是會需要你們的，他們一輩子都會需要你們，即使他們沒有這麼說，心裡還是會感覺得到。因此，你們可能會希望在宣言裡放入一些支持成年子女和他們家庭的方式。

制定祖父母使命宣言時，可以重新檢視你們的婚姻使命宣言，更新自己做為父母和祖父母的家庭角色。想想你們未來有什麼夢想，並且也要認真考量、計畫退休生涯和高齡所會面臨的挑戰，包括伴侶的離世。

祖父母可以思考一下三代使命宣言，想想有哪些活動可以讓三個世代一起參與，例如假期、節日和生日等。你們想要從事什麼樣的家庭和家族活動，促進關係的交流與聯繫？你們也可以考慮邀請兒孫一起制定三代使命宣言。

7大習慣的練習記錄

大部分人都花太多時間
在急迫的事情上，
在重要的事情上
花費的時間卻不夠多。

——史蒂芬・柯維

習慣 3

要事第一

為伴侶保留屬於彼此的時間

為倆人獨處時光挪點時間

來自珍的回饋

我想分享瑪莉莎和路易的故事給大家。

瑪莉莎和路易帶著四歲的雙胞胎男孩和瑪莉莎的母親一同從巴西移民到亞利桑那州，他們一家四口租了一間公寓，並在附近另租一間小套房給媽媽。路易找到一份醫院修繕維護的工作，瑪莉莎也有工作，因此兩人平時把雙胞胎送到日間托育機構。

好幾個月過去了，路易在維修工作的名聲越來越好，讓他晚上比白天還要忙。瑪莉莎很辛苦地工作，但是酬勞不多，還要照顧母親，回到家後經常疲累不堪、充滿挫敗感。

有一天，她接到日間托育中心的電話，說兩個孩子不僅互相打架，還跟其他孩子打了起來。瑪莉莎和路易現在的關係狀態，就像兩艘夜晚還在航行的船隻，可說是筋疲力盡，無法顧及對方。瑪莉莎掛上電話就決定直接到醫院跟路易談談，她在醫院長長的走廊上，看見他靠著牆在跟一名年輕漂亮的拉丁裔女子聊天，看起來很親密。瑪莉莎看著他們心想：「有時候我都忘了路易有多帥氣。我和路易有可能會失去我們的婚姻，如果真是如此，我們將失去我們努力追尋的一切。」

那天晚上，瑪莉莎和路易聊了很多，也做了一些重大決定。瑪莉莎說：

「我想辭職，我的工作很難又賺很少。我們可以把媽媽接過來住，就能省一點錢。」他們也決定取消托育，將雙胞胎帶回家照顧。

後來，有人問瑪莉莎一切過得如何，她說：「只靠一份薪水生活不容易，但是路易回家後，我就放鬆許多。我們的親密生活從來沒有這麼棒。星期天我們會一起帶孩子去公園。」他們說：「我們的婚姻是主軸，不是插曲。我們致力維持這個狀態。」

在這個故事裡，這對夫妻一起坐下來說：「我們的生活不太順遂。」然後主動積極選擇做出改變。你可能不會選擇這樣做，我可能也不會選擇這樣做，但這不是重點。重點是，瑪莉莎和路易做了改變，讓他們的關係維持主軸的地位，而非插曲。

把婚姻放在第一位該做的事？

珍的建議

我們承諾要有一對一的獨處時間。你一定要刻意安排獨處的時間才行，不然就不會有獨處的時候。你一定要說：「這就是我們的時間。」然後空出時間來，把那段時間奉為神聖。

約翰的建議

安排一個規畫時間，坐下來計畫一星期的事項，分享各自的期許。使用行事曆，先把對你的關係最重要的活動和人物（大石頭）放進去。這些大石頭是你最優先的考量，像是你的信仰、配偶等。

為最重要的東西空出時間

來自珍的回饋

你要如何讓婚姻成為第一順位？你要如何在心中想著你們婚姻的目標？挪出一些時間跟伴侶一對一獨處。你必須刻意地把關係放第一，每天告訴伴侶他對你有多重要；說出你們對彼此的承諾；更新這些承諾。我們也建議你們可以每週召開關係會議。

現在，我們來看看刻意安排獨處時光（例如一週一次）會對關係帶來什麼魔法。為什麼我們會說要刻意安排？因為如果你不為這件事計畫、犧牲，它就永遠不會在今天這個忙碌的世界發生。

如果下個星期你和伴侶有一個小時的空閒時間可以獨處，你們可能會做的兩件事是什麼？對我們來說，星期天早晨是個不錯的時間。我還穿著睡衣時，約翰通常會說：「嘿，把行事曆拿來，我們聊十分鐘。」誰會連十分鐘都沒有？你就是要刻意安排這段時間。你們當中必須要有一人保持這個希望。

為什麼要一對一獨處？為什麼要召開每週關係會議？因為如果你不把關係放第一，伴侶對你來說就沒有價值，他在關係裡就無法擁有全部的信任感；若是不被重視，就無法有高度信任。

將伴侶關係放第一，促進婚姻成功

有人說，今天關係破裂的第一個原因跟造成不貞的原因一樣——夫妻沒有將伴侶關係放在第一位。很多人把時間花在事業、子女、公眾事務、興趣嗜好、運動上，卻把伴侶視為理所當然，這樣是行不通的。換句話說，要擁有強大的關係，你必須把伴侶放在所有人事物之前，甚至比孩子還重要。

實踐第三個習慣：要事第一

現在，我們來試驗第三個習慣。我們相信，你能根據「要事第一」的原則做出更好的選擇，而這會為你自己和家中的其他人帶來更大的快樂。

這聽起來很簡單，但是有這麼多事物把自己偽裝得很重要，使這件事困難無比。每天早上找個安靜的時間，讓自己無法分心，接著計畫最重要的事項，包括為自己和為關係挪出的時間。

為倆人時光挪點時間

高效能的婚姻把要事放第一的方法是，先找出重要事情的次序：

◆大石頭：最重要的事。

◆小石頭：較不重要的事。

「如果不先把大石頭放進行事曆，它們就很難擠進去。當你先放入大石頭，就會開始感受到深沉的內在寧靜。」

——史蒂芬．柯維

如何為「大石頭」挪出時間

夫妻有時會忘了什麼才是最重要的。把焦點放在大石頭上，實踐完成這些事物，可以建立溝通與信任。大部分的婚姻有兩大石頭：一對一獨處時間、建立傳統。

第一顆大石頭：一對一獨處時間

一對一獨處時間是婚姻中最重要的工作、最重要的時間，也是產生最深刻連結的時候。回想你和伴侶一起經歷過的有意義的獨處時光，然後把下面的空白處填滿：

◆我們一起度過的時光很特別，因為：

◆你的伴侶會喜歡哪些一對一的活動？列出一對一的活動。

第二顆大石頭：建立傳統

◆你們一起建立過哪些特別的傳統？

◆傳統如何使我們產生連結？

共同規畫獨處時間的練習

1. 如果你和伴侶目前沒有使用任何規畫系統，現在就去找一套（這不僅是很棒的禮物，也是長期下來很值得的投資）。假如比起紙筆，你和伴侶更喜歡電子產品，沒問題！現在有各式各樣的線上資源和軟體可以選擇。
2. 請伴侶列出他覺得最浪費時間的事物，還有應該怎麼解決？
3. 兩個人共同規畫每週安排幾個小時的家庭時間，例如看電影、出去吃飯、玩遊戲、一起煮飯等，任何適合你們家的活動都可以，好好保護這個時間，把它變成一個傳統；家中的每一個人都應該在行事曆上圈起這個時間。

7大習慣的練習記錄

在關係中，
小事
就是大事。

——史蒂芬・柯維

習慣 4

雙贏思維

傾聽、尊重並雙向溝通

在關係中建立信任

來自約翰的回饋

第四個習慣是「雙贏思維（傾聽、尊重並雙向溝通）」。我們不能只追求我贏你輸，而是要思考共同的益處，讓我們兩個人都可以贏，這裡講的是雙贏思維代表的意義。當一對夫妻擁有雙贏思維，他們的意思是：「我想要對你最好的，也想要對我最好的。」記住，在婚姻中，任何一人輸了，關係就輸了。

來自珍的回饋

第四個習慣講的是關係成功運作的方式。關係就像一個帳戶，一個情感的帳戶。你每天不是在伴侶的情感帳戶中進行情感存款，就是進行情感提款。我們來看看雪莉和勒胡安這對已經在一起十五年的伴侶怎麼進行存款和提款。

現在是星期六早上八點，雪莉叫道：「親愛的，早安！我做了你最愛的起司歐姆蛋。」

八點十五分，雪莉說：「勒胡安，我把碗洗好了，乾淨的襪子和衣服也摺好放在床上了。」

八點二十五分，雪莉說：「你那個遊手好閒的哥哥又打來了，大概是想跟我們要錢。是什麼原因讓他敢這樣做？」

九點整，雪莉提醒：「今天中午凱莉有足球賽，如果這次你能來就太好了，除非你又要忙著看電視球賽。」

到了下午。五點三十分，雪莉開心地說：「謝謝你幫我洗車，真是令我驚喜，勒胡安。」

五點三十五分，雪莉不悅地說：「我媽打來你卻沒告訴我？真是謝了！」

六點整，雪莉說：「你想帶我們出去吃晚餐？嘿，謝謝老爸。」

九點三十分，雪莉叫道：「勒胡安，把那該死的球賽關掉，你就只在乎球賽轉播。」

十點整，雪莉大吼：「你把汽水罐和盤子留在地上了，真是邋遢。我像是你的傭人嗎？你喜歡我大吼大叫是嗎？」

假如你是勒胡安，在一天結束之時，你會對你的關係做何感想？高興還是沮喪？提款是否大大超過存款了？

情感帳戶代表你跟他人的關係品質

現在，想想你的伴侶關係。你是經常在伴侶的情感帳戶中存款，或者總是在提款呢？你的言行是增加還是減少關係中的信任？記住，想要擁有穩定的伴侶關係，存款和提款的比例至少要是五比一。

有時候，我們以為自己是在替伴侶進行情感存款，但事實上我們可能是在進行情感提款。裘莉雅和艾爾就是個好例子。

裘莉雅和艾爾結婚三年了，他們有一個寶寶。

艾爾最近剛從伊拉克當兵回來。裘莉雅覺得他們需要一起出門度個假，所以她計畫了好玩的三天加州之旅，訂了一間不錯的旅館；孩子託給她的母親替他們照顧。

回到家兩個星期後，裘莉雅不小心聽見艾爾跟他弟弟講電話說：「你知道我跟裘莉雅的加州之旅吧？我雖然很喜歡跟她在一起，但我真是迫不及待想回家。」艾爾掛掉電話後，裘莉雅便質問他：「你說你那時候迫不及待想回家？你怎麼可以這樣想？」她幾乎要哭了。

「裘莉雅，對不起嘛，可是請讓我告訴妳那趟旅程在我心裡的感覺。第一天早上妳說：『艾爾，這趟旅程是為了你規畫的，你想做些什麼？』我說：『我們去海邊游泳散步吧。』結果妳說：『噢不，我討厭太陽，對我膚質不好，我們去逛街。』我在心裡嘆了口氣，答應了。然後妳又問我：『艾爾，今晚你想吃什麼？』我說：『逛街逛了一整天，不如找間好吃的墨西哥餐廳？』妳說：『不要，我想找一間湯品沙拉吧。』我也同意。星期天早上，妳說：『艾爾，今天要做些什麼？』『高爾夫球打個痛快。』妳說：『噢不，我覺得我們應該去看球賽。』我也配合了。親愛的，妳每天都問我，我想做什麼，結果我們做的卻都是妳想做的事。我跟妳在一起很開心，可是……」

裘莉雅哭著說：「你怎麼都不告訴我？」

艾爾認真地說：「因為這是妳規畫的，而且我愛妳，我想讓妳高興。」

裘莉雅心想：「怎麼會變成這樣？是哪裡出了問題？我還以為那是個完美的旅程。」裘莉雅以為這趟旅程會在艾爾的情感帳戶存入一大筆，結果卻是提了一大筆。

怎麼會變成這樣？誰可以決定什麼才是存款，施予者還是接受者？是接受者。裘莉雅為艾爾規畫了這趟旅程，假定因為自己喜歡吃沙拉、逛街，艾爾就會喜歡。你應該找出什麼對你的伴侶來說是存款，並告訴他什麼對你來說是存款。

來自約翰的回饋

大部分的夫妻都十分清楚對自己的伴侶來說，怎麼樣算是一筆大的情感存款，但有時候他們以為是存款，其實卻是提款。我們來試著用雙方都能夠明確了解的語言描述這件事。

有時候，這樣說就夠了：「寶貝告訴我，什麼對你來說是『互利』？聽你說完後，再換我告訴你，什麼對我來說是『互利』。」這需要一點時間練習和傾聽——真正用心傾聽——才會出現成效。

如何定義「存款」和「提款」？

存款可建立、修復信任；提款會破壞關係中的信任感。想想下面的例子：

存款	提款
態度和善	態度不和善
誠實	說謊
道歉	不真誠道歉
對不在場的人保持忠心	說他人的八卦
信守諾言	不守承諾
守口如瓶	洩露祕密
原諒	記恨、報仇
成為自己價值觀的榜樣	說一件，做一件

◆描述最近一次伴侶在你的情感帳戶中「存款」的經歷。那次存了什麼？你的感受是什麼？

完成答案後，給伴侶看看，並請他給你看看他的答案。

跟伴侶一起建立情感帳戶的練習

◆我可以放入的存款：

◆我會避免使用的提款：

來自珍的回饋

現在，我們再分享一個故事。威廉和卡洛塔這對伴侶也遇到了一些挑戰，讓我們看看他們是選擇了雙贏，還是有輸有贏。

威廉和卡洛塔在一起二十二年了，他們沒有小孩，一起住在城市裡。有一天，卡洛塔對威廉說：「別想叫我再去參加你公司的派對。你的合作夥伴我一個也不喜歡，我跟他們的妻子也沒有任何共通點，那些單身的合作夥伴我更討厭。」

威廉回答：「卡洛塔，但是這對我很重要。」

卡洛塔堅持：「不要，我受夠了。」威廉知道她是認真的。

兩個小時後，威廉說：「卡洛塔，今年冬天我們來買滑雪券，在雪坡上度過幾個週末吧。」

卡洛塔回答：「威廉，你跟你哥哥去吧！你知道我怕冷，我不想再滑雪了。」不久後，卡洛塔對威廉說：「威廉，我買了交響樂團的季票，但是安娜現在沒辦法陪我去了。你能不能跟我去？一個月只有一次，總共四個月。」

威廉回答：「不要。要我花那種錢，我不如去看球賽。妳找別人吧。」

卡洛塔和威廉顯然總是一方輸、一方贏。

想想別人的勝利——還有你自己的

高效能的婚姻擁有豐足的視角，讓人人都能贏。健康的關係源自雙贏思維，有成效的伴侶關係會有雙贏的勇氣和考量。

當你開始透過雙贏思維思考，不再想著誰輸誰贏，你覺得關係會發生什麼事？關係中的整個文化都會改變。你會想，什麼對我們最好？而不是只想什麼對自己最好。

在伴侶關係中，即使你覺得這樣做會讓你贏，只要你的伴侶會輸，你的關係就會輸。如果關係贏不了，你就贏不了。你可能會想：「我希望我的伴侶在任何事情都能贏——我們住在哪裡、錢怎麼花、做些什麼等等。」可是，這樣也不健康，一定要兩個人都贏才行。真正健康的想法是：「我希望我也可以贏，我不想要有輸有贏。」

因此，我們一定要互相聆聽、分享、傾訴。當然，這需要時間、耐心和練習，但是一切都是值得的，因為這樣可以拯救關係。除非我們好好溝通，帶著想要全心了解的意圖傾聽彼此，否則我不可能知道說到假期、球賽和金錢的時候，什麼對你來說是贏，你也不可能知道什麼對我來說是贏。

來自約翰的回饋

當我在任何事情上希望你能贏，其實我就是在說：「我愛你，你最重要。」當你想要知道什麼對我來說是贏，你是在說：「我在乎你，我希望你快樂。」這就是婚姻中雙贏思維的真義。

「雙贏思維」鼓勵人們在婚姻中擁有平等伴侶關係所帶來的好處。所謂的平等伴侶關係，指的是沒有一方會支配另一方。

7大習慣的練習記錄

實踐第四個習慣：雙贏思維

現在，我們來試驗第四個習慣。我們保證，假如你能用雙贏思維來思考，而不想著誰輸誰贏，你就能做出更好的選擇，為你自己和家中的其他人帶來更大的快樂。

當涉及同一情況的所有人找到了自己和他人都能勝利的點，就會出現雙贏。想想下面這句史蒂芬．柯維博士的名言：

「長久來看，如果不是我們兩個都贏，我們一定都輸。因此，關係中的雙贏是唯一實際的選項。」

雙贏思維的練習

設想一個你們無法得到自己想要的結果的狀況。找出什麼能讓你感覺勝利，接著問伴侶什麼對他來說是勝利。

這是什麼樣的狀況？

◆對你來說什麼是勝利？

◆對你的伴侶來說什麼是勝利？

7大習慣的練習記錄

我們很容易會想給予建議，
趕快把事情解決，
卻沒花時間先好好了解問題。
這就好比把自己的眼鏡
硬戴在別人臉上，
想幫助他們
看得更清楚一樣。

——史蒂芬．柯維

習慣 5

知彼解己
同理傾聽理解後再表達想法

抵達溝通的核心

第五個習慣講的是先傾聽、再說話；相反的做法是講個不停，但卻聽得很少，或根本完全不聽對方說話。先傾聽，是要抱著了解對方感受的意圖去聆聽。第五個習慣所說的傾聽，不是只用耳朵，還要使用心和眼。然後，當伴侶

覺得自己被理解了以後，再換你說話。

來自珍的回饋

詹斯是在一個小酪農場長大的。十四歲時，他的哥哥們不是已經結婚，就是到外地念大學，只有他留下來跟爸爸一起經營農場。詹斯和父親生活中的每一天都在農場上一起並肩工作，兩人從不交談。噢等等！他們會講工作的事，但是卻從不談心。

詹斯熱愛閱讀，什麼書都看，而且他討厭農場的工作，可是他從來沒有跟父親說過這些感受。十八歲時，他去上大學，離開那個小鎮、那座農場和他的家人，之後再也不曾回去。他的父母都是好人，好到了極點，但他們不懂詹斯。

這真是令人難過。每天並肩生活卻從不跟彼此分享內心的真正感受，這樣的關係有可能存在嗎？不說出感受的人就不會被了解，因此很有可能寂寞萬分。

來自約翰的回饋

溝通是理解他人感受的必要途徑，因為你思考、看待、經歷這個世界的方式不可能跟對方一樣。你要對自己說：「我想了解你，所以我必須先傾聽、後發言，才能懂你對事物的觀點和你的感受。你看待事物的方式對我來說很重要，而我也希望你明白我看待事物的方式。我希望我們可以分享彼此的感覺。」

來自珍的回饋

我想分享一位在國際公司擔任招聘人員的年輕人和他妻子之間的故事；順帶一提，這個故事差點以離婚收場。

年輕的賈邁爾負責替一家國際公司招聘人才，他跟薔黛爾結婚三年，有一個十八個月大的兒子。賈邁爾聰明認真，薔黛爾很愛他，也相信他的能力。去年是他們的婚姻備受考驗的一年，因為賈邁爾為了招募人才在全國各地奔波，回到家後總是疲累沉默。薔黛爾都在家接工作兼差，她跟寶寶待在家裡，覺得與世隔絕，很孤單。

薔黛爾撥電話給住在加州的母親，說出自己的感受和最近發生的事：「媽，妳知道我有多愛賈邁爾，多欣賞他的一切，但是我好寂寞。每次他出差回來，走進門，只會說聲嗨。當我問他出差怎麼樣，他也只是聳聳肩，說沒怎麼樣。他都不跟我分享他的世界，不打開他的心。我越來越悲傷了，我需要談心傾聽。我對他的工作很有興趣，可是他什麼也不告訴我。他從沒說他想我，也從不說他愛我。我雖然有一群很棒的朋友能支持我，但我需要一位真正的伴侶。我現在開始懷疑賈邁爾的愛，認真思考是不是要離開他，回家去。」

兩個星期後，薔黛爾又打給母親，訴說不久前才發生的事。這時，薔黛爾和賈邁爾之間的緊張關係已經變得更緊繃，重重壓在兩人身上。

「昨天晚上，他離開一星期後回到家，結果又是什麼也沒說，所以我決定我真的要回娘家了。接著，發生了一件事。當時我坐在客廳沙發上，旁邊放著嬰兒監視器，賈邁爾進屋後，直直走到賈斯汀的房間，看著熟睡的寶寶，然後開始小聲地對他說：『我愛你和你媽媽勝過世界上任何事物。我很抱歉我必須經常離開你們兩個。沒有你們，我會生不如死。也許有一天，我可以告訴你們我的感受。』」

蕾黛爾坐在客廳靜靜聽著監視器。賈邁爾走出來後，她用雙臂抱著他，說：「我愛你，我知道這段婚姻值得拯救。」

他們出現裂痕的關係復合了，因為他們兩個都希望關係繼續經營下去，也渴望學會健康、充滿力量的溝通技巧。

夫妻分享、傾聽彼此感受這件事是不是很重要？這需要時間，需要技巧，然後會需要更多時間。你要學習、付出、做出行動，然後不斷反覆地學習、付出、做出行動。不要等危機出現了，才付諸實行。

曾經有人問：「我喜歡你說的『努力讓對方快樂，而不是把對方變好』。這讓我不禁思考，每段關係都有差異，我們各自都會做一些可能讓對方惱怒或崩潰的事情。但是，有沒有辦法判斷什麼時候適合提起那些會讓我崩潰的事，還是說乾脆保持沉默、忍耐接受會比較好？」

來自約翰的回饋

我們稱這叫做敏感界線。跨越敏感界線時，你會知道，對吧？所以，第一件事是要暫停一下下。想想自我覺察這份天賦。想想你有哪些選擇以及這樣選擇可能會有的後果，然後你就可以根據自己的價值觀、而非根據情況或性情之類的考量做出選擇。假如讓你崩潰的是自己的問題，那就把這件事放在心裡；假如讓你崩潰的事情會對關係造成傷害，就用圓滑的方式一對一攤開來談，並記住第五個練習：傾聽、傾聽、再傾聽。

來自史蒂芬的回饋

我覺得有一個大原則是，讓對方參與問題，接著一起想出解決方法。換句話說，假設問題出在兩個人從來沒有時間好好地談一個問題，而這讓你很擔憂，那你應該讓對方參與。對方從前得到的腳本可能跟你的不一樣，所以你可能必須要更有耐心和同理心，那麼慢慢地應該就會有些改善。

來自珊德拉的回饋

剛結婚時，我們對於角色有非常明確的定義和理解，女性要做什麼、男性要做什麼，都很清楚。後來孩子都大了、結婚了，我的大女兒辛西亞生了一個寶寶，她帶著寶寶來家裡跟我們一起住，史蒂芬有一次竟然抱著寶寶下樓，還幫寶寶洗澡、換尿布。我差點就要昏倒了。

我對史蒂芬說：「天啊，辛西亞呢？」

史蒂芬回說：「喔，我想讓她多睡一點。」

我很訝異，史蒂芬這輩子從來沒做過這種事。我還記得以前每到星期天，我都會超生氣，因為平常要照顧這些小孩，到了星期天我會希望可以坐下來，用漂亮的瓷器好好吃頓晚餐，讓孩子擁有這種每週一次的傳統。可是，當我自己一個人把一切準備好了，餐桌也擺了，晚餐也進烤箱了，史蒂芬卻開車要出門，對我「叭叭」兩聲就走了。我當下真的很想殺死他。就像你說的，有些事真的會讓你爆炸。但是，隨著時間過去，他漸漸改變了，他想出了所謂「晚餐後的十分鐘計畫」，大家都幫忙做十分鐘的家事，有的把碗盤放進洗碗機，有的掃地，大家一起整理清潔，什麼都做；漸漸地，他也開始會幫忙照顧孩子。

在人生和婚姻中，你的心胸會慢慢變得開闊，你會學習、改變。隨著時間過去，並常常在彼此的情感帳戶中存款，你就可以勇敢靠近那條敏感界線，可以討論那些事情。所以我後來就說：「你星期天早上要是敢再給我叭叭叭，你就死定了。」你要把那些讓你很抓狂的事情攤開來，有時候你真的必須主動出擊，說出讓你困擾的東西。有時你則必須相信事情最後會改變，變得更好。就像我說的，最後我的晚餐得到了家人觸地得分的手勢。有時，改變需要一點時間，但人是會改的。我們要有希望。

來自史蒂芬的回饋

我花了五十年才學會她剛剛說的這些。我們剛慶祝結婚五十週年，而我對她的愛比一開始還要多了無限多，雖然當時我以為這就是全部了。

要如何傾聽才能明白他人的感受

開啟溝通三步驟

1. 挪時間開啟溝通，不受打擾地進行一對一的討論。
2. 避免類似「甩門」的舉動。
3. 先聽再說。

「甩門」的舉動會關閉溝通。因此，高效能的人士會使用「開門」的舉動，先尋求理解對方。

溝通五要點	甩門	開門
探詢	什麼問題都問	只問可以釐清事情的問題
評估	分析、批評	不評斷對方

建議	自行給出建議	只在對方尋求建議時給予建議
打岔	只聊自己	安靜，用耳朵、眼睛和心傾聽
時間	趕時間或沒時間	挪出時間傾聽

傾聽的態度加上技巧

聽者的態度比技巧更重要。有一句話說：「對方不會管你知道多少，只會管你有多在乎。」

還記得前面說過每週一對一的獨處時間有多重要嗎？坐在客廳跟小孩一起看星期一晚間的足球賽或身在家族聚會中，是無法真正傾聽並理解對方的。

來自珍的回饋

當你們在黑暗無聲的房子裡，躺在床上互吐心裡話時，傾聽就有可能發生，或者也有可能在散步的時候發生；又或是孩子都睡了、電視關掉、兩人都還不是很疲倦時，可以邊小酌邊談天。無論如何，你必須重視這件事、計畫這件事、實行這件事，你一定要刻意安排相處的時光。

來自約翰的回饋

好，現在你們真的挪出時間了，兩個人正在獨處，要記住有三件事絕對不能做，否則伴侶會關上心門，不再分享自己的感受。

1. 不要給建議。
2. 不要聊自己。
3. 不要批評。

來自珍的回饋

是的，在婚姻中我們有時候會做這三件事，但絕不能是在你希望伴侶敞開心胸分享心情的那個時候。

來自約翰的回饋

我要告訴你能幫助伴侶溝通的最大祕密武器，那就是「發言棒」。拿著發言棒的人才可以說話，在他說完之前，其他人都不能出聲。接著，聽者複述一遍他們認為對方所說的意思。當說者覺得自己完全被理解了，就要交出發言棒。但是，這只有在他們覺得自己確實被傾聽了解之後，他才把發言棒交給別人。這是在強化關係上很棒的方式。

來自史蒂芬的回饋

如果在傾聽、溝通中跟你愛的人吵起來，你可以選擇富有同情心和同理心的回應方式。一位專家說過：「如果你踩到家人的雷，或是你的伴侶在情緒中說出讓你氣憤或難過的話，請把這視為一種溝通不良、一種邀請，更努力去找出兩人產生誤解的原因。」我喜歡這個做法，你有權力決定要被冒犯或是去理解所愛的人說的話。一時的緊張若被當作通往「統合綜效」的一扇門，就可以帶來更強大的連結，而不會造成兩人之間的裂痕。

在這個修好破洞、直搗正事、解決問題至上的文化，我們會少掉很多視角，因為我們沒有耐心傾聽彼此的故事──我們每個人獨有的那些充滿掙扎、痛苦、失落和勝利的複雜故事。我們經常以為自己已經知道全貌了，專家說：「建立關係最艱難的挑戰在於，我們無法無時無刻清楚或完全地看見另一個人的內心、想法和經歷。這在婚姻中特別會帶來問題，因為我們根據幾年（有時可能只有幾個月）的經驗，就以為自己完全了解伴侶了。」結果，我們輕視、忽略、不願接收彼此的故事。我們不再傾聽對方，而是讓自己和孩子與衝突隔絕，造成「同理缺失」。

7大習慣的練習記錄

實踐第五個習慣：知彼解己

現在，讓我們把第五個習慣化作承諾。我們相信，假如你能知彼解己，也就是在伴侶覺得被理解後再發言，你就能做出更好的選擇，為你自己和家中的其他人帶來更大的快樂。

同理傾聽

有效的傾聽對所有關係都很重要，為了幫助人們在情緒化的狀況中被理解，請帶著同理心，用眼睛、耳朵和心傾聽。

同理傾聽的關鍵

◆使用耳朵、眼睛和心傾聽。留意肢體語言、語氣和用詞。

◆用心傾聽，通常不需要說任何話。

◆用自己的語言複述對方的所感、所言。

練習同理傾聽

同理傾聽是指嘗試從對方的角度看事情，在對方情緒正高漲時，這特別重要。想要帶著同理心傾聽，你需要做到以下兩點：

1. 說出你所聽見、觀察到或感覺到來自對方的「感受」。
2. 用自己的話複述對方所說的「內容」。

例如：你似乎因為（一個主題或被傳達出來的訊息），感到（生氣、挫折、難過、激動、緊張、丟臉、困惑、喪氣等）。

同理心的練習

伴侶一：我到底要講多少次你才會倒垃圾？

伴侶二：你似乎因為＿＿＿＿感到＿＿＿＿。

帶著尊重的心尋求理解

尋求對方的理解時，提供清楚和直接的回饋，不進行人身攻擊。

準則

1. 運用適當的肢體語言、語氣和用詞。不要高高在上地說話。
2. 使用「我」這個代名詞，把焦點放在「感受」和「內容」，而非人身攻擊。

不要說：「你都不讓我參與事情。」「你好無禮。」這樣是攻擊。

應該說：「我覺得我都沒有參與到事情。」這才是有建設性的回饋。

按照以下步驟，練習在各種情況下給予有建設性的回饋：

第一步：當我（覺得不被信任、看見你講電話講很久等）。

第二步：我會覺得（難過、生氣、擔憂、被冷落等）。

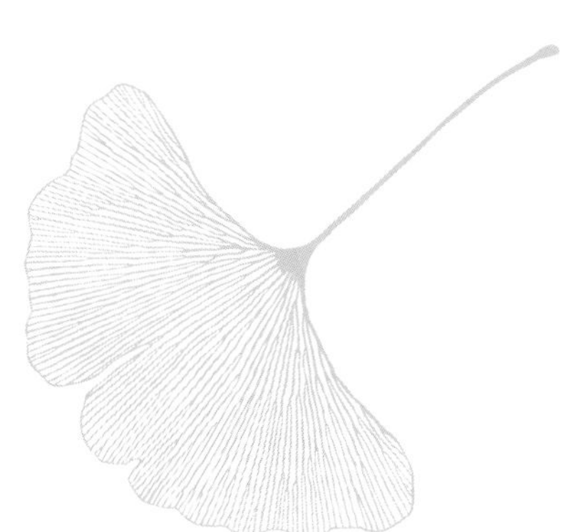

7 大習慣的練習記錄

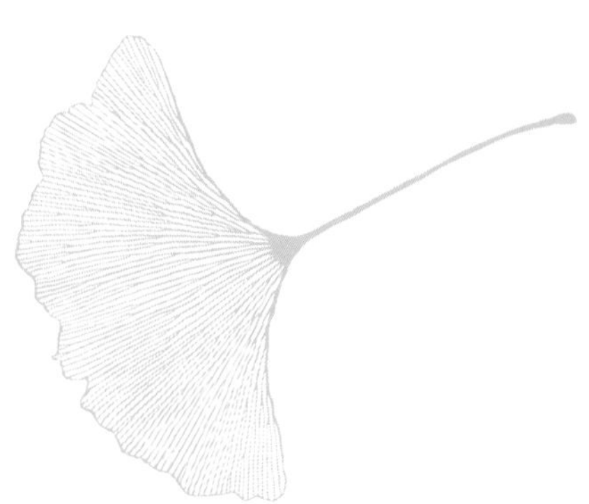

一個人，
我們能做的很少；
在一起，
我們能做的很多。

——海倫．凱勒

習慣 6

統合綜效

結合彼此的優點相輔相成

考量所有人的長處

「統合綜效」是什麼意思？意思是一加一等於三，甚至更多。意謂一塊二乘以四的木材，可以承受一百四十公斤而不斷裂，但是把兩塊二乘以四的木材黏在一起，卻能承受四百五十公斤以上，為什麼？因為黏合產生的結合關係，讓兩塊木材獲得比一塊木材更多的力量。

「統合綜效」是團隊合作、是歌頌差異、是打開心胸、懂得配合，產出比你一人所能創造更多的成果。在伴侶關係中各自努力或是認為自己永遠是對的，不會達到這個效果。

來自史蒂芬的回饋

伴侶關係是第三選擇。首先，兩個獨一無二的個體和兩種文化結了婚，接著，若能帶著尊重和同理的視角來經營自己與伴侶的關係，就會產生第三種文化。這是一個成果無限豐碩的全新關係，可以讓我們從中找到最深刻的喜悅與最深沉的滿足。

要創造第三選擇的家庭，我們得刻意採取第六個習慣的思維；不是我的做法，不是你的做法，而是我們的做法——一種更高層次、更好的方法。在所有重要的互動中，持之以恆地選擇第三種選擇，就能訓練自己採取這樣的思維。

金錢管理、職涯平衡、子女教養、親密關係的提升等，都是很重要的議題，需要透過第六個習慣處理。

那麼，兩個看待所有事物的方法都不一樣的人，要如何有創造性地合作？成功的祕訣是什麼？有兩個原則：

1. 你們必須真心地重視彼此。
2. 你們必須看見彼此的長處。每個人都有價值，每個人都有長處。

用心感受伴侶的優點

來自珍的回饋

讓我分享一下布萊恩與恰瑞蒂的故事。

布萊恩和恰瑞蒂高中畢業就結婚了。之後，布萊恩在一間物流公司工作，一待就是十二年。這份工作不錯，若再加上恰瑞蒂兼的職，兩人只要用錢謹慎一點，就能過得很舒服。

有一天，布萊恩下班回家宣布：「我想去念大學。我一直有在想報考夜校的事，拿一個商學位，這必定得做出一些犧牲。」恰瑞蒂回答：「去做吧，親愛的，你一直都想要念大學，我可以增加一點點工作時間沒關係。」

布萊恩報考後錄取了。第一個學期結束後，他跟指導老師坐下來面談。

「是這樣的，根據第一個學期的分數，你的閱讀理解能力在大學水準之下，創意寫作技巧更是肯定低於大學平均標準。你說你喜歡數學，但你連基礎會計都學得很辛苦。你要我的建議，我的建議是，你有個很好的工作，還有三個孩子要養，你仔細想想吧。如果是我，我會非常謹慎地考慮，再決定要不要繼續下去。當然，決定權還是在你。如果請私人家教補習，你或許可以撐過去。」

「謝謝。」布萊恩說，沮喪地起身回家。回到家後，他嘆道：「我跟普通人一樣，甚至可能比普通人差，而且我都這麼努力了。」

恰瑞蒂心想：「普通人。普通人！這真的是我認識的布萊恩嗎？那個把車庫維護得一塵不染、井然有序，會把每件事寫下來貫徹執行的布萊恩？這真的是我那個晚上沒幫女兒寫完作業就不睡覺，因為在乎女兒，所以擔任初中女子足球隊教練的丈夫嗎？這真的是那個因為老太太不方便，所以星期天會載她上教堂的男人嗎？他是我的摯友知音，但卻認為自己只是普通人？布萊恩不是普通人，他是第一名！」

來自珍的回饋

請像恰瑞蒂一樣，尋找伴侶的優點，把它們說出來、寫下來、記起來。恰瑞蒂說得沒錯，布萊恩不是普通人，他是第一名。

當你選擇雙贏思維——什麼對你來說是贏、什麼對伴侶來說是贏；當你選擇第五個習慣，先傾聽、再說話；當你重視對方的長處……那麼，你就能夠創造第六個習慣。你們兩個在一起比各自一個人還要好，這就是婚姻的真諦。

如何尋找彼此的優點

找張紙，仔細想想下面兩個問題。

◆列出伴侶為婚姻帶來的一個優點。

◆列出你為婚姻帶來的一個優點。

現在，把答案放在每天看得到的地方，沒事讀一讀、想一想，將它牢記在心，邀請伴侶也這麼做。不要再想著缺點，開始專注在優點上。

來自珍的回饋

有一次，我們在夏威夷舉辦家庭的七個習慣課程，團體中有一位美軍牧師，名叫阿卜杜拉。我們談到了要在伴侶關係中刻意讚美對方，並列出伴侶的優點。課後，阿卜杜拉帶了一大張牛皮紙回家，貼在家裡的牆壁，他在紙上寫下自己的名字、妻子的名字和每個孩子的名字。接著，他給孩子一支彩色麥克筆，讓他們在每個名字下方寫下他們認為那個人擁有的一項優點。隔天，阿卜杜拉帶著這張又大又長的紙到課堂上。

他說：「當我太太看見孩子在她名字下面寫『總是在我身邊』、『充滿關愛』、『有耐心』、『會聽我說話』，她就開始哭了。她說：『我以為這個家沒有人喜歡我。』我讀了他們在我太太的名字下面寫的東西後，我也哭了。」當你選擇看見彼此的長處，就會產生第六個習慣。建立在「統合綜效」之上的伴侶關係，能為這個家和後代子孫創造很強大的善能量。

7大習慣的練習記錄

實踐第六個習慣：統合綜效

來自約翰的回饋

現在，讓我們把第六個習慣「統合綜效」化作承諾。我們相信，假如你能珍視自己的伴侶、發揮他的長處，而不是把焦點放在他的缺點，你就能為自己和他人創造更大的快樂。

歌頌彼此差異的練習

所謂的統合綜效，指的是參與其中的每一個人結合自己獨特的長處，獲得比他們各自努力所能得到更好的成果。達成第六個習慣的兩個原則：

1. 珍視彼此。
2. 看見彼此的長處。

珍視彼此

每個人都想要被需要、被重視。想想你的伴侶，然後完成以下的句子：

1. 我最欣賞你的一點是＿＿＿＿＿＿。
2. 我從你身上學到的一點是＿＿＿＿＿＿。
3. 跟你有關的回憶我最喜歡的是＿＿＿＿＿＿。

不對的態度	正確的態度
容忍差異	樂見差異
各自運作	團隊合作
認為自己永遠是對的	打開心胸
妥協——1＋1＝1.5	找到第三選擇——1＋1＝3，甚至更多

看見彼此的長處

有成效的關係會放大彼此的優點、縮小彼此的缺點。雙方會由衷地看到、尊重彼此多元的長處。

◆請寫下你和伴侶的長處。

你的長處

伴侶的長處

◆你們的互補長處如何使你們的婚姻更強大？

「永遠不要用缺點定義家人；用優點定義他們。」

——珍·柯維

7大習慣的練習記錄

我們這輩子
所能做出
最強大的投資是：
對自我的投資。

——史蒂芬・柯維

習慣 7

不斷更新

持續前進、強化自我

保持自我靈魂的活力

來自約翰的回饋

第七個習慣是「不斷更新」。什麼叫做「不斷更新」？想像你正在森林中漫步，遇到一個奮力鋸木頭的人。你問：「你在做什麼？」伐木人回：「看不出

來嗎？我在鋸這些木頭，要拿來燒柴。」你問：「你鋸多久了？」伐木人回：「三、四個小時吧，累死我了。」你問：「有進展嗎？」伐木人回：「沒有。」你問：「你怎麼不休息一下，把鋸子磨一磨？」伐木人怒道：「笨蛋！我忙著鋸木頭，哪會有時間？」我們都知道，假使他休息十五分鐘把鋸子磨利，他大概可以用兩、三倍的速度鋸好木頭。你曾經因為忙著開車而不停下來加油的嗎？

第七個習慣「不斷更新」講的就是如何讓自己保持「鋒利」、讓婚姻保持「鋒利」。這是指我們要定期更新、加強生活的四個關鍵層面——身體、頭腦、內心和性靈。史蒂芬．柯維這樣形容：「忽略身體，身體會衰敗，就好像忽略你的車，車子也會衰敗。無時無刻都在看電視，頭腦會衰敗。忽略你的婚姻，婚姻也會衰敗。任何東西只要不是有意識地照料更新，就會崩解、失序、衰敗。」

第七個習慣「不斷更新」指的是好好照顧自己，進而照顧自己的關係。首先，我們先談談你自己。坐飛機時，空服員會告訴你：「遇到緊急狀況，氧氣罩會掉下來。先給自己戴上氧氣罩，再幫助周遭的人。」為什麼要先給自己戴上氧氣罩？因為你一定要先照顧好自己，才能幫助他人。

我想請你花一點時間只考慮自己。我們都知道運動可以讓身體強健，但你不只有身體。你還有一個需要持續成長茁壯的頭腦、一個需要小心呵護的內心、一個需要滋養的靈魂。

我想請你做一個快速的心理測驗，看看你在這四個方面做得如何。閱讀這四個問題後，寫下你第一個想到的念頭：

1. 有哪件事是你該為身體而做，卻沒在做的？
2. 有哪件事是你該為內心（人生的情感層面、人際關係等）而做，卻沒執行？
3. 有哪件事是你該為頭腦、才智而做，卻沒執行？
4. 有哪件事是你該為性靈而做，卻沒在做的？

除此之外，你的腦中還浮現哪些想法？

不斷更新

更新你的身體、頭腦、內心和性靈。

運用你的良知

我們已經找出你該做些什麼磨利自己的鋸子。現在，找出有哪些你應該停止的事情，有哪些對你造成阻礙、使你無法磨利鋸子的東西。

同樣地，一邊閱讀這些問題，一邊寫下第一個出現的念頭：

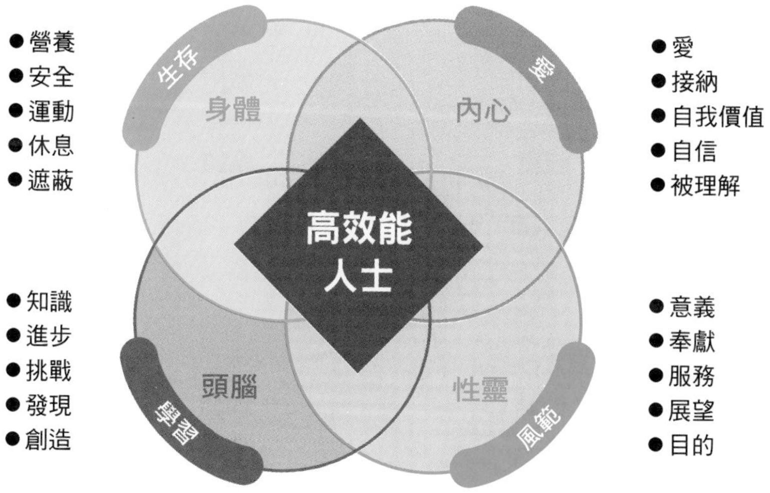

1. 想想你的身體，有哪件事是你不該對身體做的？

2. 有哪件事是你不該對內心做的？你在關係中做出或經歷了哪些會帶來傷害的事？

3. 有哪件事是你不該對頭腦做的？

4. 有哪件事是你不該對性靈做的？你的良知告訴你什麼事？

想想一件事

你會做些什麼？想想你在需要更新的各個領域中希望開始、停止和繼續進行的一件事。把這些問題的答案填入下面的圈圈。

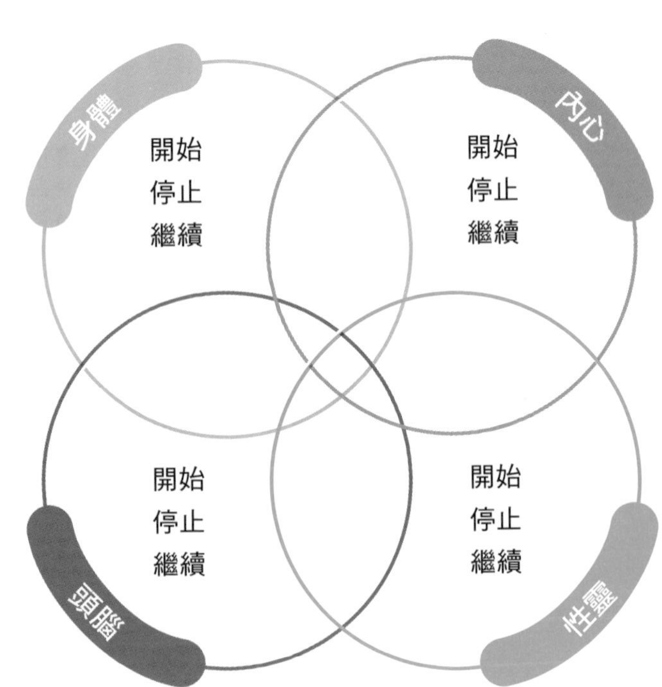

這些事情將強而有力地影響你在人生中所做的一切。

來自珍的回饋

我們來談談如何讓關係保持鋒利。想要婚姻永久保鮮、充滿樂趣與意義，加深親密程度真的很重要。婚姻中的親密感不只來自身體的親密，還牽涉到一個人的全部和他們完整的本質。

- ◆生理層面——身體
- ◆心智層面——頭腦
- ◆情感層面——內心
- ◆性靈層面——性靈

今天的夫妻是從哪裡獲得婚姻觀的？你是從哪裡得到婚姻觀的？家人、朋友、宗教、電影，還是社群媒體？這些全都可能影響我們對於婚姻和親密的定義。所以這才這麼重要。交談很重要，而更重要的是傾聽，藉此發掘伴侶的想法是從何而來。你知道性愛是親密關係的一部分，那麼其他重要的東西呢？

跟伴侶一起散步、晚上躺在床上或約會的時候，你可以問問他對於親密的看法，說不定你會對他的答案感到驚訝。

來自約翰的回饋

我們保證，假如你能實踐第七個習慣，不斷更新你的身體、頭腦、內心和性靈，不去忽視它們，你就能做出更好的選擇，為你自己和家中的其他人帶來更大的快樂。

7 大習慣的練習記錄

實踐第七個習慣：不斷更新

更新自我，是給自己的一份禮物。投資時間、心力、甚至是金錢在增進你的技能上，讓你能夠更好地履行義務；評估你對自身健康做了哪些付出，規畫更多的睡眠、運動和冥想時間。

配偶／伴侶成長練習題

鼓勵配偶／伴侶寫日記；訂閱有教育價值的雜誌或一起閱讀好書；跟配偶／伴侶一起上健身房或展開定期運動計畫；選一個你們兩個都想去當志工的機構；參觀新的博物館或嘗試新的菜式——擴展你們的視野，嘗試新事物。

強化身體

本週選一個加強生理能力的方法：

- ◆設定上床睡覺的鬧鐘。
- ◆找一件能讓自己動一動且具有挑戰的事情。
- ◆在固定的運動行程中添加一個新元素：耐力、彈性或力量。
- ◆排定年度健檢。

更新性靈

本週選一個加強性靈能力的方法：

- ◆修飾改進你的個人使命宣言。
- ◆待在自然環境裡。
- ◆傾聽或創作音樂。
- ◆從事社區服務。

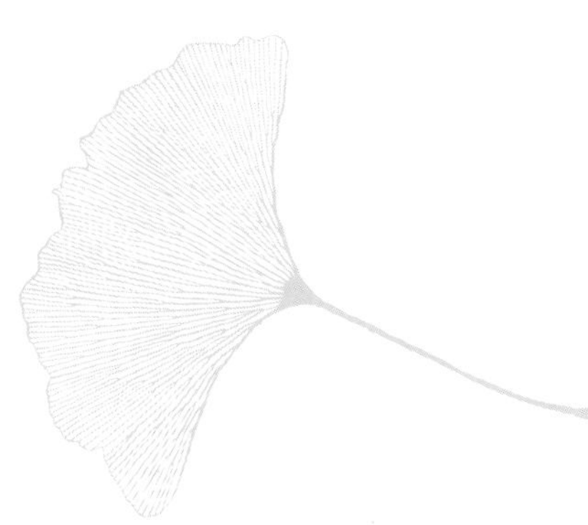

磨利頭腦

本週選一個加強心智能力的方法：

◆學習一種外語（或是程式語言也可以）。
◆讀一本書。
◆養成一個嗜好。
◆參觀一間博物館或藝廊。

培養內心

本週選一個加強社交或情感能力的方法：

◆邀請朋友吃晚餐。
◆打電話或傳簡訊給一個最近沒聯絡的朋友。
◆寫感恩日記。
◆給予寬恕。

自我時光

在今天或本週的每一天，允許自己擁有三十分鐘的獨處時間。

馴服科技

今天就做一件事，降低科技使你分心的程度：

- ◆關掉通知。
- ◆一天只檢查社群網站一次。
- ◆絕不讓行動裝置打斷對話。
- ◆從事跟「大石頭」相關的活動時，關掉3C用品。

實行七個習慣

將這些習慣與生活連結起來。把焦點放在最重要的唯一一件事情上。生活是一個不斷改進的過程，而進步需要時間和耐心才會發生。

◆本週選一件活動就好，實踐不斷更新。自己或跟伴侶一起進行都可以。

◆選出一個會對你和伴侶帶來最大影響的「大石頭」。

結語

關於婚姻的本質

婚姻的本質是愛與承諾，是安全感，是感覺被重視。我們都想要別人跟我們說話時帶著尊重的口吻；我們也一直渴望受到照顧、保護、需要。夫妻怎麼能失去這些？只要開始實踐這七個習慣，我們保證你會做出更好的選擇，為你自己和所愛的人帶來更大的快樂。

來自珍的回饋

在結束前，我想分享一個關於希望的小故事。

泰瑞莎走進自家廚房，發現維克多獨自一人坐在椅子上，看著窗外自己的孩子跟鄰居玩耍。他說：「泰瑞莎，我又丟了工作，我好像不適合這份工作。我可以回去做建築工人，但是那對我的膝蓋很不好。」維克多整個人散發孤獨絕望的氣息。泰瑞莎走過去，把手放在他的肩膀，說：「我們可以做到的。我們可以做到的。」聽到她說「我們」這兩個字，維克多提振了精神，內心重拾希望與自信。

進入一段家庭伴侶關係後，我們會從只思考「自己」，變成思考「我們」。

來自約翰的回饋

在結束前，我們必須再次提醒婚姻的4C：

- ◆承諾（Commitment）。
- ◆性格（Character）。
- ◆溝通（Communication）。
- ◆陪伴（Companionship）。

實踐第一、二、三個習慣，可以培養承諾和高度信任的性格；實踐第四、五、六個習慣，我們是在建立開放的溝通；最後，第七個習慣會創造無私的陪伴關係。

且讓我們回到一開始——婚姻的盒子。大部分的人投身一段終身的婚姻伴侶關係時，都有一個迷思，相信這段關係是一個美麗的盒子，裡面裝滿他們渴望的一切：陪伴、性愛、親密、友誼。但事實是，這種伴侶關係最初只是個空盒子，你一定得先放一些東西進去盒子，才能從裡面拿出東西。婚姻本身沒有愛，愛在人心中，是人們把愛放進婚姻裡的；婚姻本身沒有浪漫，人們必須主動將浪漫融入婚姻。夫妻必須學習這門藝術，養成給予、愛人、服務、讚美、不斷填滿盒子的習慣。

「汝舉起吾，吾舉起汝，吾倆方能共同升起。」

——貴格會（Quaker Proverb）諺語

7大習慣的練習記錄

附錄

七個習慣的定義與個人反思

習慣1 主動積極（冷靜思考再選擇下一步）

伴侶和家庭成員會對自己的選擇負責。他們有根據個人原則和價值觀、而非當下心情或外在狀況進行選擇的自由，並能夠培養、運用人類獨有的四大天賦——自我覺察、良知、想像力和獨立意志，採取由裡到外的方法創造改變。他們選擇不做受害者、不被動消極、不責怪他人。

習慣2 以終為始（找到婚姻的目標與價值）

伴侶會為任何事情創造一個內心願景和目標，共同塑造自己的未來。他們不會過一天是一天，心中沒有清楚的目的。婚姻或家庭使命宣言是這種心理創造的最高形式。

習慣3 要事第一（為伴侶保留屬於彼此的時間）

配偶和伴侶會根據自己在個人、婚姻和家庭使命宣言裡所寫下的最重要優先事物安排和執行事宜。他們會安排每週的家庭時間以及定期一對一建立情感的時間，他們會因為目標行動，而非受到周遭的事務和力量所驅使。

習慣4 雙贏思維（傾聽、尊重並雙向溝通）

家庭成員會用互利的方向進行思考。他們會互相支持、尊重；他們擁有互相信賴的思維——是「我們」，不是「我」，並培養雙贏。他們既不自私（我贏你輸），也不犧牲（我輸你贏）。

習慣5 知彼解己（同理傾聽理解後再表達想法）

伴侶會先帶著理解他人想法和感受的意圖傾聽對方，再試圖有效地說出自己的想法和感受。透過理解，他們會建立起深刻的信任與愛的關係。他們會給予有助益的回饋，而不會把回饋藏在心裡，也不會希望自己能先被理解。

習慣6 統合綜效（結合彼此的優點相輔相成）

伴侶會因為自己和家人的優點成長，尊重、珍視彼此的差異，使得總合的成果比各個部分的加總還要大。他們會建立互相解決問題和把握機會的相處文化；他們會培養出愛人、學習與奉獻的家庭精神；他們不會尋求妥協（一加一等於一點五）或純粹的配合（一加一等於二），而是有創造力的合作（一加一等於三，甚至更多）。

習慣7 不斷更新（持續前進、強化自我）

定期在下列這四個生活中的根本領域中更新自我與家庭，關係中的成效會增加：生理、社交／情感、性靈及心智。他們會建立能夠滋養伴侶關係、更新這個精神的傳統。

關於富蘭克林柯維公司

富蘭克林柯維是一間以組織績效改善見長的全球上市公司，協助組織與個人透過改變人類行為達到成效。我們專精的領域有七：領導、執行、生產、信任、銷售成績、客戶忠誠與教育。富蘭克林柯維的客戶包括百分之九十的財富 100 大企業、超過百分之七十五的財富 500 大企業、數千間中小型企業，還有無數政府和教育機構。富蘭克林柯維在超過一百六十個國家中，擁有超過一百間直屬和夥伴辦事處，為世界各地的客戶提供專業服務。

歡迎至中文官網參觀

http://www.franklincovey.com.tw/

國家圖書館出版品預行編目（CIP）資料

與婚姻有約：成功學大師史蒂芬・柯維寫給所有人的 7 大高效溝通法則／史蒂芬・柯維（Dr. Stephen R. Covey），珊德拉・柯維（Sandra M. Covey），約翰・柯維（Dr. John M.R. Covey），珍・柯維（Jane P. Covey）著；羅亞琪譯.
-- 初版. -- 新北市：臺灣商務印書館股份有限公司, 2021. 09
224 面；14.8 × 21 公分（Ciel）
譯自：The 7 habits of highly effective marriage : making your relationship a priority in a turbulent world

ISBN 978-957-05-3350-7（平裝）

1. 婚姻　2. 兩性關係

544.3　　110012182

Ciel

與婚姻有約

成功學大師史蒂芬・柯維寫給所有人的7大高效溝通法則

The 7 Habits of Highly Effective Marriage:
Making Your Relationship a Priority in a Turbulent World

作　　者—史蒂芬・柯維（Dr. Stephen R. Covey）
　　　　　珊德拉・柯維（Sandra M. Covey）
　　　　　約翰・柯維（Dr. John M.R. Covey）
　　　　　珍・柯維（Jane P. Covey）
發 行 人—王春申
選書顧問—林桶法、陳建守
總 編 輯—張曉蕊
責任編輯—何宣儀
封面設計—盧卡斯工作室
內頁設計—黃淑華

營業組長—何思頓
行銷組長—張家舜
影音組長—謝宜華
出版發行—臺灣商務印書館股份有限公司
　　　　　231023 新北市新店區民權路 108-3 號 5 樓（同門市地址）
　　　　　電話：（02）8667-3712　傳真：（02）8667-3709
　　　　　讀者服務專線：0800056196
　　　　　郵撥：0000165-1
　　　　　E-mail：ecptw@cptw.com.tw
　　　　　網路書店網址：www.cptw.com.tw
　　　　　Facebook：facebook.com.tw/ecptw

局版北市業字第 993 號
初版一刷：2021 年 9 月
印刷廠：鴻霖印刷傳媒股份有限公司
定價：新台幣 430 元

法律顧問—何一芃律師事務所